中国海监行政执法培训丛书

中国海监总队
中国海洋大学 组编

海域使用和海岛保护行政执法实务

郭 飞 俞兴树 段 伟
方向南 林细巧 陈 亮 编著

2013年·北京

图书在版编目（CIP）数据

海域使用和海岛保护行政执法实务/郭飞等编著．—北京：海洋出版社，2013．12
（中国海监行政执法培训丛书）
ISBN 978－7－5027－8695－3

Ⅰ．①海… Ⅱ．①郭… Ⅲ．①海域使用管理法－行政执法－中国－技术培训－教材②岛－法律保护－行政执法－中国－技术培训－教材 Ⅳ．①D993．5

中国版本图书馆 CIP 数据核字（2013）第 248037 号

责任编辑：杨海萍　杨　明
责任印制：赵麟苏

http://www.oceanpress.com.cn
北京市海淀区大慧寺路 8 号　邮编：100081
北京旺都印务有限公司印刷　新华书店发行所经销
2013 年 12 月第 1 版　2013 年 12 月第 1 次印刷
开本：787mm×1092mm　1/16　印张：17
字数：235 千字　定价：50.00 元
发行部：62132549　邮购部：68038093　总编室：62114335

《中国海监行政执法培训丛书》

编委会

序

2500年前，古希腊海洋学者狄米斯托克利预言："谁控制了海洋，谁就能控制世界。"15世纪初，我国明代航海家郑和论断："国家欲富强，不可置海洋于不顾。财富取之海，危险也来自海上。"伟大的革命先行者孙中山先生曾疾呼，海权"操之在我则存，操之在人则亡。"已故美国总统约翰·肯尼迪则说："控制海洋意味着安全，控制海洋意味着和平，控制海洋就意味着胜利。"

历史充分表明，国家民族的兴衰与海洋息息相关，海兴则国强，海衰则国弱。大国崛起的历史，在某种程度上就是一部海洋争霸与竞逐史。昔日的海上强国葡萄牙、西班牙和荷兰，当年的日不落帝国英国，二战后的苏联，当今世界第一强国美国，无一不是以海强国。鸦片战争前后，面对列强进逼侵扰，清政府腐败无能，我国海上力量逐渐衰败、海权逐步丧失，日渐沦为有海无防、门户洞开、丧权辱国的半封建半殖民地国家。新中国成立后，尤其是改革开放以来，我国的海洋事业得到了迅速发展，国家海洋权益得到了有效维护。

海洋，无论在历史上还是在当下，无论在军事博弈还是在经济竞争中，对国家生存和发展都具有不可替代的战略地位。《联合国海洋法公约》生效后，国际政治经济形势发生了重大的深刻的变化，许多国家通过开发海洋资源迅速提高了本国的实力和地位，进一步彰显了海洋对于国家和民族兴衰的战略价值。进入21世纪后，海洋的战略地位更加突出，越来越多的沿海国家竞相把控制和开发利用海洋作为强国之国策，并且在海洋权益保护、深海矿产资源勘探开发以及生物资源利用等方面展开日趋激烈的竞争。面对严峻复杂的海洋形势，各沿海国为谋求政治、经济、军事上的有利态势和战略利益，纷纷调整海洋战略和政策。

中国是海洋大国，但还不是海洋强国。要赶上世界发展潮流，实现中华民族伟大复兴，必须全面实施海洋战略。我们党和国家对海洋事业历来非常重视，党的“十八大”提出了“建设海洋强国”的战略决策，从国家战略高度对海洋事业发展作出了全面部署，这标志着海洋战略已上升为国家大战略，标志着我国开始走上建设海洋强国的战略新征程。建设海洋强国是中华民族复兴崛起的历史路径，海洋强国之路任重道远。我们必须义无反顾地走向海洋、经略海洋，必须坚定不移地以海富国、以海强国，为建成海洋经济发达、海洋科技创新强劲、海洋生态环境优美、海洋资源开发能力和海洋综合管控能力强大的海洋强国而不懈奋斗。

当前，我们已经站在海洋事业发展新的历史起点上。作为我国海洋综合行政执法的主导力量——中国海监，使命更加神圣，任务更加艰巨。面对新形势、新任务和新要求，中国海监必须坚决维护国家海洋权益，实现管辖海域有效监管；强化海洋行政执法，全力推进海洋综合管理；加强队伍正规化建设，全面提高执法人员综合素质；加强执法能力建设，夯实海洋执法基础；构建海洋执法技术支持体系，提高海洋管控科技含量；健全海洋执法工作机制，加强执法理论研究，等等。所有这些，既是党和人民赋予中国海监的光荣使命，也是中国海监更好履职尽责的着力之点。

功以才成，业由才广。中国海监总队着眼海监队伍现代化、正规化建设要求，组织编辑并出版了《中国海监行政执法培训丛书》。这套丛书是中国海监多年执法实践和培训实践成果的结晶，既有理论知识的概括和阐述，又有实践经验的归纳和总结，编写目的明确，读者定位准确，适应海洋行政执法的发展趋势和特点，是一套专业性、针对性和实用性强的海监执法人员培训教材。丛书的出版，进一步完善了海洋执法人才培训体系，是中国海监发展史上值得记忆的重要事件。我们相信，这套丛书必将为提高海监队伍的正规化建设水平和综合业务素质，更好履行各项职责、圆满完成使命任务发挥重要作用。

事业凝聚人心，使命激发力量。海洋事业发展的宏伟蓝图已经绘就，让我们以崇高的使命感、强烈的责任心，励精图治、发愤图强，为实现中华民族的海洋强国梦作出新的贡献！

国家海洋局副局长

中国海监总队总队长

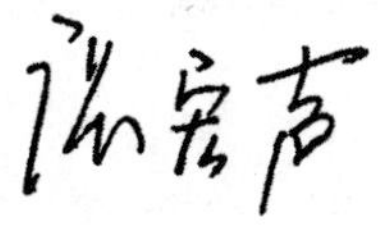

2013 年 1 月

前　言

我国海洋行政执法的迅速崛起，是从上世纪90年代末伴随着中国海监总队的诞生开始的。十五年来，海洋行政执法以其特定的管理领域和对经济社会发展的巨大作用，成为我国涉海行政管理部门的核心职能，中国海监也以其卓著的执法业绩备受瞩目。作为我国海洋行政主管部门管理的海洋行政执法队伍，中国海监依法履行神圣职责，对我国管辖海域实施巡航执法，查处侵犯我国海洋权益、破坏海洋开发利用秩序、损害海洋环境和资源的违法行为，日益凸显出保障国家海洋事业健康发展的重要作用。与此同时，中国海监在执法实践过程中，开拓了由初、中、高层次相结合的分级培训，执法、航海、航空、装备技术等交叉式的分类培训，远程教育培训和体能礼仪训练等培训方法与领域。经过多年建设发展，中国海监已经成为一支政治坚定、业务精湛、作风优良、执法公正、具有中国特色的海洋行政执法队伍。

当前，我国进入了改革发展的关键时期，新的形势、新的任务和新的挑战对海洋行政执法工作提出了更高要求。面对日益加剧的海洋开发活动、日益恶化的海洋环境趋势和日益严峻的海洋维权形势，中国海监必须与时俱进。为此，中国海监总队委托中国海洋大学，组织具有丰富教学与科研经验的中国海洋大学、国家海洋局海洋发展战略研究所、中国政法大学的有关专家学者和具有丰富执法经验的中国海监总队及其所属各海区总队资深执法人员，在中国海监总队与中国海洋大学多年合作开展海监执法人员培训所形成的培训教材基础上，编写了《中国海监行政执法培训丛书》（以下简称《丛书》）。

组织编写这套《丛书》，旨在提供规范性、系统性教材，提高海监队伍业务水平，强化海监执法人员综合素质，有效开展海洋行政执法工作，全面忠实地履行各项职责。因此对内容体系的设计思路是：介绍必要的海洋自然科学和海洋自然环境的基础知识，充实海洋管理的基础理论和专业知识，掌握并进一步提高海洋行政执法的法理知识和实务技能。《丛书》适用于中国海监执法人员，可作为上岗培训、在岗培训、年审培训和复合人才培训的教材，也可作为有关高校海洋行政执法课程的辅助教材。《丛书》由海洋自然基础、海洋管理基础、海洋执法理论和海洋执法实务等部分组成，主要包括海洋与环境概论、海洋管理概论、海洋行政执法理论、海域使用行政执法实务、海岛保护行政执法实务、海洋环境保护行政执法实务等内容。

《丛书》全套5册，第一册《海洋与环境概论》，由李凤岐编写；第二册《海洋管理概论》，第一、二、三、六章由郭佩芳编写，第四章由朱庆林编写，第五、七、八章由张润秋编写；第三册《海洋行政执法理论》，其中，第一篇法学基础理论由刘玲编写。第二篇海洋行政法理论的第一章至第七章由刘惠荣编写，第八章至十一章由刘卫编写。第三篇中国的海洋法律制度由张颖编写；第四册《海域使用和海岛保护行政执法实务》，其中，第一篇海域使用行政执法实务初稿由郭飞撰写，而后由俞兴树编写第一章至第七章，由段伟编写第八章至十章。第二篇海岛保护行政执法实务的第一、五章由方向南编写，第二章由林细巧编写，第三、四章由陈亮编写；第五册《海洋环境保护行政执法实务》，第一、三章由丁金钊编写，第二、四章由施星平编写，第五章由何建苗编写。

《丛书》的完成，是集体智慧的结晶，是团队合作的成果。编写期间，得到了中国海洋大学、国家海洋局海洋发展战略研究所、中国政法大学和中国海监各海区总队的大力支持与热情帮助，在此一并致以衷心感谢！

由于时间和能力所限，难免存在许多不妥或者错误之处，敬请批评指正。

编者

2012年12月30日

目　录

第1篇　海域使用执法实务

第2篇 海岛保护行政执法实务

第 1 篇　海域使用执法实务

1　海域使用行政执法概述

海域使用即利用中华人民共和国的内水、领海的水面、水体、海床和底土这些空间资源进行排他性的开发利用活动。在中华人民共和国内水、领海持续使用特定海域三个月以上的排他性用海活动，适用《中华人民共和国海域使用管理法》(以下简称《海域使用管理法》)。

1.1　海域使用行政执法的概念

海域使用行政执法是指海洋行政主管机关为实现国家海域使用行政管理目的，依照法定职权和法定程序，执行海域使用法律、法规和规章，所实施的直接影响海洋行政相对人权利义务的行为。主要包括：海域使用行政许可；海域使用行政检查；海域使用行政处罚；此外还有海域使用行政征收、行政确认、行政强制、行政奖励和行政裁决等。

本书所指海域使用行政执法，仅指海洋行政主管部门及其所属的中国海监机构，对在我国内水、领海之内使用海域的组织和个人遵守《海域使用管理法》及其配套法规、规章及其他规范性文件的情况进行监督检查，发现和查处违法行为的活动，主要包括海域使用行政检查和海域使用行政处罚两项内容。

开展海域使用行政执法的目的是保证国家海域使用管理法律、法规和规章的贯彻和实施，维护国家、企事业单位和公民的合法用海权益，维护国家的海域使用管理秩序，保障海上作业的有序进行，保护海洋环境，维护海洋生态平衡，促进海洋资源的永续利用和可持续发展。海域使用行政检查和海域使用行政处罚的实施是实现海洋行政管理法制化的重要途径，是保障海洋管理法律、法规得以贯彻实施的有效措施。

1.2 海域使用行政执法权限管辖原则

根据《行政处罚法》、《海洋行政处罚实施办法》、《关于海域使用执法监察工作分工等有关问题的通知》(国海办字〔2002〕121号)和《关于规范中国海监海区总队行政执法工作的意见》(国海办字〔2008〕79号)有关规定，海域使用行政执法权限管辖原则如下：

1. 地域管辖

地域管辖是海域使用行政执法管辖的一般原则。除法律、法规的特别规定之外，海域使用行政处罚由违法行为发生地的县级以上人民政府海洋行政主管部门管辖，由其所属中国海监机构具体承担。未设海监机构的，由本级海洋行政主管部门实施。违法行为发生地不明确或者无法查明的，法律、法规有明确规定的，按照规定确定管辖；法律法规没有明确规定的，按照规章规定和职责权限确定管辖。

中国海监各海区总队负责对本海区的用海活动实施行政检查，并依法查处违法用海行为。

对违法用海行为，实行谁查获谁处理的原则。即由先查获的海监机构负责处理，但要将查处情况及时通报有管辖权的海监机构。

地域管辖也称区域管辖或属地管辖，是确定行政机关依职权实施行政处罚的地域范围。《行政处罚法》第二十条规定，行政处罚由违法行为发生地的行政机关管辖。违法行为发生地应该包括违法行为着手地、经过地、实施地和危害结果发生地。按照《海洋行政处罚实施办法》第五条规定，除法律、法规另有规定外，海洋行政处罚由违法行为发生地的实施机关管辖。即海洋行政处罚原则上由海洋违法行为发生地的海洋行政主管部门管辖，法律、法规另有规定的除外。

2. 级别管辖

中国海监总队集中实施国家海洋局的法定海洋行政处罚权。负责对全国海域使用行政执法工作实施业务领导和监督。

中国海监各海区总队及各海区支队在本辖区内集中实施国家海洋局的法定海洋行政执法权，负责对本辖区内国务院审批权限内的用海活动实施监督检查，并依法查处违法用海活动。监督、指导和协调海区内省、市、县海监机构开展行政执法工作，查处省、市、县海监机构移交的案件，承办中国海监总队交办的执法任务。

沿海县级以上地方人民政府海洋行政主管部门所属的海监机构，负责对毗邻海域内同级地方人民政府审批权限内的用海活动实施监督检查，并依法查处违法行为。

上级海监机构对下级海监机构的海域使用监督检查工作实施业务领导和监督。上级海监机构有权责令下级海监机构改正错误的行政处罚。下一级海监机构认为违法用海行为重大或复杂，需要上一级海监机构管辖的，可以报请上一级海监机构决定。

对海域使用违法用海行为，由先查获的海监机构负责处理，但要将查处情况及时通报有管辖权的海监机构。依据现行海洋法律、法规、规章和规范性文件的规定，应当由海区海监总队管辖的案件，原则上由海区海监总队及其所属的海监支队直接查处。

3. 指定管辖

必要时，中国海监总队可以按照效率和就近管理的原则，将国务院已批准的用海项目指定地方海监机构实施监督检查；地方海监机构可以按照效率和就近管理的原则，将同级人民政府已批准的用海项目，指定下级海监机构实施监督检查。

对管辖有争议的违法案件，报请共同的上一级海监机构指定管辖。

4. 管辖转移

县级以上人民政府海洋行政主管部门有权监督、纠正下级人民政府海洋行政主管部门的行政处罚。上级海监机构有权责令下级海监机构改正错误的行政处罚。下一级海监机构认为违法用海行为重大或复杂，需要上一级海监机构管辖的，可以报请上一级海监机构决定。

5. 移送管辖

对不属于其管辖范围内的行政处罚，应当制作案件移送书，移交有权管辖的县级以上人民政府海洋行政主管部门或者其他行政机关。违法行为构成犯罪的依法移送司法机关。

思考题：

1. 海域使用行政执法包括哪些内容？
2. 海域使用行政执法权限管辖原则有哪些？

2 海域使用行政执法的法律依据

2.1 宪法

宪法是国家的根本大法，由国家最高权力机关即全国人民代表大会制定。宪法是制定其他一切法律规范的依据，具有最高的法律地位；法律、法规和规章都不得与宪法相抵触。许多法律、法规的规定是宪法条文的具体化。宪法精神、宪法原则和宪法条文是海洋行政执法的重要依据。维护国家的海洋权益，切实保障海洋资源的合理利用，保障海洋经济的可持续发展，是海域使用行政执法活动的根本任务和基本要求。

《中华人民共和国宪法》第九条规定："矿藏、水流、森林、山岭、草原、荒地、滩涂等自然资源，都属于国家所有，即全民所有；由法律规定属于集体所有的森林和山岭、草原、荒地、滩涂除外。"

2.2 法律

狭义上的法律，仅指全国人民代表大会及其常务委员会依照立法程序制定的规范性文件。法律的效力低于宪法，但高于行政法规、地方性法规和部门规章、地方政府规章。

作为海洋行政执法依据的法律又可以分为：专门性的海洋管理法律；一般性的行政法律规范。

2.2.1 专门性的海域使用管理法律

《中华人民共和国海域使用管理法》是专门性的海域管理法律，是海域使用行政执法的主要法律依据。2002 年 1 月 1 日起实施的《海域使用管理法》，确立了海洋功能区划、海域权属管理、海域有偿使用三项基本制度，是我国政府为全面强化国家海洋权益、彻底解决海域使用及其资源开发中，长期存在的“无序、无度、无偿”状态，强化海洋综合管理的关键举措，是推进我国海洋管理法制化建设的重要标志。《海域使用管理法》的颁布实施，开创了我国海域使用管理的新时期，也是海洋综合管理真正走向法制化管理时期的重要标志。

《中华人民共和国领海及毗邻区法》、《全国人民代表大会常务委员会关于批准〈联合国海洋法公约〉的决定》和《中华人民共和国政府关于中华人民共和国领海基线的声明》等也是海域使用行政执法的重要法律依据。

《海域使用管理法》中作为海域使用行政执法依据的条款主要有：

第三条：海域属于国家所有，国务院代表国家行使海域所有权。任何单位或者个人不得侵占、买卖或者以其他形式非法转让海域。

单位和个人使用海域，必须依法取得海域使用权。

第七条第一款：国务院海洋行政主管部门负责全国海域使用的监督管理。沿海县级以上地方人民政府海洋行政主管部门根据授权，负责本行政区毗邻海域使用的监督管理。

第二十六条：海域使用权期限届满，海域使用权人需要继续使用海域的，应当至迟于期限届满前两个月向原批准用海的人民政府申请续期。除根据公共利益或者国家安全需要收回海域使用权的外，原批准用海的人民政府应当批准续期。准予续期的，海域使用权人应当依法缴纳续期的海域使用金。

第二十八条：海域使用权人不得擅自改变经批准的海域用途；确需改

变的，应当在符合海洋功能区划的前提下，报原批准用海的人民政府批准。

第二十九条第二款：海域使用权终止后，原海域使用权人应当拆除可能造成海洋环境污染或者影响其他用海项目的用海设施和构筑物。

第三十七条：县级以上人民政府海洋行政主管部门应当加强对海域使用的监督检查。

县级以上人民政府财政部门应当加强对海域使用金缴纳情况的监督检查。

第三十九条：县级以上人民政府海洋行政主管部门履行监督检查职责时，有权采取下列措施：

（一）要求被检查单位或者个人提供海域使用的有关文件和资料；

（二）要求被检查单位或者个人就海域使用的有关问题作出说明；

（三）进入被检查单位或者个人占用的海域现场进行勘查；

（四）责令当事人停止正在进行的违法行为。

第四十条：海域使用管理监督检查人员履行监督检查职责时，应当出示有效执法证件。

有关单位和个人对海洋行政主管部门的监督检查应当予以配合，不得拒绝、妨碍监督检查人员依法执行公务。

第四十二条：未经批准或者骗取批准，非法占用海域的，责令退还非法占用的海域，恢复海域原状，没收违法所得，并处非法占用海域期间内该海域面积应缴纳的海域使用金五倍以上 15 倍以下的罚款；对未经批准或者骗取批准，进行围海、填海活动的，并处非法占用海域期间内该海域面积应缴纳的海域使用金 10 倍以上 20 倍以下的罚款。

第四十五条：违反本法第二十六条规定，海域使用权期满，未办理有关手续仍继续使用海域的，责令限期办理，可以并处 1 万元以下的罚款；拒不办理的，以非法占用海域论处。

第四十六条：违反本法第二十八条规定，擅自改变海域用途的，责令限期改正，没收违法所得，并处非法改变海域用途的期间内该海域面积应缴纳的海域使用金 5 倍以上 15 倍以下的罚款；对拒不改正的，由颁发海域使用权证书的人民政府注销海域使用权证书，收回海域使用权。

第四十七条：违反本法第二十九条第二款规定，海域使用权终止，原海域使用权人不按规定拆除用海设施和构筑物的，责令限期拆除；逾期拒不拆除的，处 5 万元以下的罚款，并由县级以上人民政府海洋行政主管部门委托有关单位代为拆除，所需费用由原海域使用权人承担。

第四十八条：违反本法规定，按年度逐年缴纳海域使用金的海域使用权人不按期缴纳海域使用金的，限期缴纳；在限期内仍拒不缴纳的，由颁发海域使用权证书的人民政府注销海域使用权证书，收回海域使用权。

第四十九条：违反本法规定，拒不接受海洋行政主管部门监督检查、不如实反映情况或者不提供有关资料的，责令限期改正，给予警告，可以并处 2 万元以下的罚款。

第五十条：本法规定的行政处罚，由县级以上人民政府海洋行政主管部门依据职权决定。但是，本法已对处罚机关作出规定的除外。

2.2.2 一般性的法律规范

除了上述专门的海洋管理法律之外，其他的相关法律也是海域使用行政执法的重要法律依据。比如《中华人民共和国行政监察法》、《中华人民共和国行政复议法》、《中华人民共和国行政处罚法》、《中华人民共和国行政诉讼法》、《中华人民共和国行政强制法》、《中华人民共和国国家赔偿法》等。上述法律规范是所有行政执法单位进行行政管理活动的重要依据，海洋行政执法主体在进行执法活动时也要遵守这些法律的规定。尤其是《中华人民共和国行政处罚法》，是海洋行政执法主体实施海洋行政处罚时必须遵守的基本法律依据。

《中华人民共和国物权法》(以下简称《物权法》) 在“所有权”编第四十六条规定“矿藏、水流、海域属于国家所有”，这不仅丰富和完善了

《宪法》关于自然资源国家所有的规定，而且有助于树立海域国家所有的意识，防止一些单位或者个人随意侵占、买卖或者以其他形式非法转让海域，避免海域资源浪费和海域国有财产流失。《物权法》在“用益物权”编第一百二十二条专门规定“依法取得的海域使用权受法律保护”，进一步明确了海域使用权派生于海域国家所有权，是基本的用益物权。

2.3　行政法规和国务院法规性文件

行政法规是国务院为领导和管理国家各项行政工作，根据宪法和法律制定的条例、规定和办法的总称。行政法规的效力低于宪法、法律，但高于地方性法规和规章。《国务院办公厅关于开展勘定省县两级海域行政区域界线工作有关问题的通知》(国办发〔2002〕12 号)、《国务院办公厅关于沿海省、自治区、直辖市审批项目用海有关问题的通知》(国办发〔2002〕36 号)、《国务院关于印发全国海洋经济发展规划纲要的通知》(国发〔2003〕13 号)、《国务院关于国土资源部〈报国务院批准的项目用海审批办法〉的批复》(国函〔2003〕44 号) 和《国务院关于进一步加强海洋管理工作若干问题的通知》(国发〔2004〕24 号) 等具有普遍约束力的国务院规范性文件可视为行政法规性文件，国务院规范性文件法律效力低于行政法规。

《国务院办公厅关于沿海省、自治区、直辖市审批项目用海有关问题的通知》(国办发〔2002〕36 号) 明确要求加强海域使用管理的执法监督检查。要逐步建立和完善海域使用执法监督检查制度，强化海域使用管理的执法监督工作。沿海县级以上地方人民政府海洋行政主管部门及其所属的中国海监机构要加大执法力度，整顿和规范海域使用管理秩序，对《海域使用管理法》实施后未经批准非法占有海域，无权批准、越权批准或者不按海洋功能区划批准使用海域，擅自改变海域用途等违法行为的，要严格按照《海域使用管理法》的有关规定，追究有关当事人的法律责任。

2.4 地方性法规

地方性法规是由省、自治区、直辖市以及《中华人民共和国立法法》所规定的较大的市的人民代表大会及其常务委员会，在不同宪法、法律和行政法规相抵触的前提下，根据本地区的实际情况制定的规范性法律文件。地方性法规的效力低于宪法、法律、行政法规，不得与它们相抵触，而且，地方性法规只能在本行政区域内有效。如《天津市海域使用管理条例》、《河北省海域使用管理条例》、《山东省海域使用管理条例》、《江苏省海域使用管理条例》、《浙江省海域使用管理条例》、《福建省海域使用管理条例》、《广东省海域使用管理条例》、《海南省实施〈中华人民共和国海域使用管理法〉办法》等。

2.5 行政规章

规章有部门规章和地方规章之分。部门规章是国务院各组成部门根据法律和行政法规等在本部门权限范围内制定的规范性法律文件。与海域使用行政执法有关的部门规章有国土资源部《海洋行政处罚实施办法》、监察部、人事部、财政部和国家海洋局联合制定、公布实施并负责解释的《海域使用管理违法违纪行为处分规定》等。地方性规章是省、自治区、直辖市以及较大的市的人民政府，根据法律、行政法规等制定的规范性法律文件。如《辽宁省海域使用管理办法》、《上海市海域使用管理办法》、《广西壮族自治区海域使用管理办法》等。

2.6 其他规范性文件

各级行政机关制定的其他规范性文件，其规范性和完整性及其在法律上的效力和意义要低于法律、法规和规章。

为规范海域使用金征收管理，财政部和国家海洋局联合印发了《海域使用金减免管理办法》（财综〔2006〕24 号）和《关于加强海域使用金征收管理的通知》（财综〔2007〕10 号）；国家发展改革委和国家海洋局联合印发了《关于加强围填海规划计划管理的通知》、《围填海计划管理办法》；国家能源局和国家海洋局联合印发了《海上风电开发建设管理暂行办法》；国家海洋局制定和印发了一系列规范海域使用的文件，如《临时海域使用管理暂行办法》、《关于加强区域建设用海管理工作的若干意见》、《关于进一步加强自然保护区海域使用管理工作的意见》、《关于加强海上人工岛建设用海管理的意见》、《海域使用分类体系》和《海籍调查规范》、《海域使用权管理规定》、《海洋功能区划管理规定》、《海域使用权登记办法》和《填海项目竣工海域使用验收管理办法》，等等；为了进一步规范海洋监督检查和海洋行政处罚行为，国家海洋局制定和印发了《海域使用执法监察工作分工等有关问题的通知》、《重大海洋违法案件会审工作规则》、《海洋行政处罚听证程序实施规则》、《海洋听证办法》、《海洋行政处罚案卷评查工作规定》、《海洋行政执法监督规定》、《国家海洋局关于实施海洋督察制度的若干意见》、《海洋行政执法调查取证工作规则》、《关于规范中国海监海区总队行政执法工作的意见》、《关于进一步加强中国海监各海区总队专项执法检查工作的意见》、《关于进一步规范中国海监总队、中国海监海区总队、中国海监海区支队执法办案工作的意见》、《国家海洋局海洋行政处罚专用章使用管理办法》、《海洋行政执法法律文书基本格式》，等等。

此外，在海域使用行政执法过程中还依据并应用有权法律解释。有权法律解释是依法享有法律解释权的特定国家机关对有关法律文件进行的具有法律效力的解释。根据 1981 年第五届全国人大常委会第 19 次会议通过的《关于加强法律解释工作的决议》的规定，有权法律解释包括以下四种：（1）立法解释，即全国人大常委会依法对法律文件进行的解释；（2）

司法解释，即最高人民法院和最高人民检察院依法对法律文件进行的解释，如最高人民法院《关于执行〈中华人民共和国行政诉讼法〉若干问题的解释》、《最高人民法院关于行政诉讼证据若干问题的规定》；（3）行政解释，即国务院及其主管部门依法对法律文件进行的解释；（4）地方解释，即法定的地方人大常委会及人民政府主管部门依法对法律文件进行的解释。其法律效力在不与法律相抵触的情况下分别等同于被解释的法律规范性文件。如全国人大常委会法工委办公室《关于海域使用管理法第四十二条适用问题的答复意见》(法工办复字〔2004〕5号)。

思考题：

1. 海域使用行政执法的主要专门性法律依据是哪部法律，该法律确立了哪几项基本制度？

2. 国务院、国家海洋局颁布了哪些与海域使用行政执法相关的规范性文件？

3 海域使用管理基本制度

《海域使用管理法》依据我国的基本法律制度，从海域使用管理的实际情况出发，确立了海域使用管理的三项基本制度，即海洋功能区划制度、海域权属管理制度和海域有偿使用制度。

3.1 海洋功能区划制度

海洋功能区划制度是《海域使用管理法》和《海洋环境保护法》两部法律共同确立的一项基本制度。根据体现国家主权和维护国家利益的需要，《海域使用管理法》首先在总则部分中确定这是一项基本制度，然后又专设一章对其进行规范，正显示了海洋功能区划有重要地位和作用。《海洋环境保护法》明确规定，海洋功能区划是制定海洋环境保护规划、选择入海排污口、设置陆源污染物深海离岸排放排污口、兴建海洋工程建设项目的科学依据。由此可以看出，海洋功能区划具有规范性、约束性的法律特征，无论是用海者还是管理者，都必须充分尊重它的法律地位与作用，自觉增强法律意识，按照海洋功能区划提出的指导思想、基本原则、目标要求和划定的海洋功能区来组织实施海洋开发利用活动，使海洋开发活动与海域区位、自然资源、环境条件和开发利用的要求相符合，使海域使用综合效益与区划设定的功能目标相一致，从而有效实现用海需求与环境保护相协调、人与海洋相和谐的目的，促进经济社会可持续发展。

国务院批准了《省级海洋功能区划审批办法》(国函〔2003〕38 号)，明确由国家海洋局组织实施，为省、市、县海洋功能区划的制定及审批提供了依据，奠定了基础。为了规范海洋功能区划的编制、审批，提高海洋功能区划的科学性，国家海洋局相继印发了一系列规范性文件，有《关于印发〈海洋功能区划管理规定〉的通知》(国海发〔2007〕18号)、《关于印发〈海洋功能区划备案管理办法〉的通知》(国海发〔2008〕12号)、《关于印发〈省级海洋功能区划编制技术要求〉的通知》(海管字〔2010〕83号)、《关于规范省级海洋功能区划修改工作的通知》(国海管字〔2010〕590号)等。

3.1.1　海洋功能区划的法律地位

《海域使用管理法》第四条规定：“国家实行海洋功能区划制度。海域使用必须符合海洋功能区划。”这就明确地表示了海洋功能区划的法律地位，将其提升为一种由国家实行的制度，而不是一种单纯工作上的或者技术方面的规划。它所表明的含义，就是依照法定的程序，根据海域的地理位置、自然资源状况、自然环境条件和社会需求等因素而划分的不同的海洋功能类型区，对海洋开发利用活动有引导、规范的作用，约束着人们用海的行为。这也就是经批准的海洋功能区划具有法定效力，必须严格执行。

3.1.2　海洋功能区划的编制审批

海洋功能区划依法分为两种，一种是全国海洋功能区划，另一种则是地方海洋功能区划。全国海洋功能区划由国务院海洋行政主管部门会同国务院有关部门和沿海省、自治区、直辖市人民政府编制，报国务院批准；地方海洋功能区划由沿海县级以上地方人民政府海洋行政主管部门会同本级人民政府有关部门，依据上一级海洋功能区划编制。海洋功能区划审批分为三个层次，第一层次是全国海洋功能区划报国务院批准；第二层次是沿海省、自治区、直辖市海洋功能区划，需要经该省、自治区、直辖市人民政府审核同意后，报国务院批准，批准后报国家海洋行政主管部门备案；第三层次是沿海市、县海洋功能区划，经该市、县人民政府审核同意后，报所在的省、自治区、直辖市人民政府海洋行政主管部门审查，审批程序由省级海洋行政主管部门制定，经批准的沿海市、县海洋功能区划报国家和省级海洋行政主管部门备案。

海洋功能区划成果包括：文本、登记表、图件、编制说明、区划报告、研究材料、信息系统等。备案内容应包括文本、登记表、图件、编制说明、区划报告及信息系统。

3.1.3　海洋功能区划的评估和修改

海洋功能区划有效期不应少于 5 年。

海洋功能区划批准实施 2 年后，县级以上海洋行政主管部门对本级海洋功能区划可以开展一次区划实施情况评估，对其提出一般修改或重大修改的建议。

国家从严控制省级海洋功能区划的修改工作。省级海洋功能区划批准实施两年后，有下列情形之一的，可按照规定的权限和程序提出省级海洋功能区划修改方案：

（1）经国务院批准，因公共利益、国防安全或者进行大型能源、交通等基础设施建设，需要修改省级海洋功能区划的；

（2）经国务院批准的区域规划、产业规划或政策性文件等确定的重大建设项目，需要修改省级海洋功能区划的；

（3）局部海域资源环境条件发生重大变化，经国家海洋局组织评估认为确需修改的；

（4）国务院认为应当修改省级海洋功能区划的其他情形。

3.1.4　海洋功能区划的公布实施

海洋功能区划经批准后，应当向社会公布，但是涉及国家秘密的部分除外。

各级海洋行政主管部门依据查询申请给予海域使用申请人、利益相关人查询经批准的海洋功能区划。查询内容包括海洋功能区划文本、登记表和图件。不能当场查询的，应在5日内提供查询。

根据《海域使用管理法》和《海洋功能区划管理规定》，一经批准公布的海洋功能区划必须严格执行。在海洋功能区划文本、登记表和图件中，所有一级类和二级类海洋功能区及其环境保护要求应当确定为严格执行的强制性内容。

海域使用项目应当符合海洋功能区划。海域使用论证报告书应当明确项目选址是否符合海洋功能区划。对不符合海洋功能区划的用海项目的申请不予受理。对于符合功能区划的填海项目，要根据国家有关标准严格限制填海规模，集约用海。

2002年，国务院做出了《国务院关于全国海洋功能区划的批复》(国函〔2002〕77号)，原则同意《全国海洋功能区划》，由国家海洋局发布实施。国务院批复要求，海洋功能区划是海域使用管理和海洋环境保护的依据，具有法定效力，必须严格执行。沿海省、自治区、直辖市人民政府要根据《全国海洋功能区划》确定的目标，制定重点海域使用调整计划，明确不符合海洋功能区划的已用海项目停工、拆除、迁址或关闭的时间表，并提出恢复项目所在海域环境的整治措施。各级海洋行政主管部门及其所属的海监机构要加大执法力度，整顿和规范海洋开发利用秩序。2004—2005年，国务院先后批准了辽宁、天津、河北、山东、江苏、浙江、福建、广东、广西、海南10个沿海省（区、市）第一轮海洋功能区划，实施期限均至2010年。《上海市大比例尺海洋功能区划》于2001年12月由上海市人民政府批准实施（沪府〔2001〕49号文件）。

2012年3月，国务院批复了《全国海洋功能区划（2011—2020年）》（以下简称《区划》）。国务院批复要求，《区划》由国家海洋局会同有关部门和沿海各省、自治区、直辖市人民政府组织实施。沿海各省、自治区、直辖市人民政府要将《区划》实施工作列入重要议事日程，并依据

《区划》尽快完成地方各级海洋功能区划的编制工作，明确各类海洋功能区的具体范围和管理要求，严格逐级审批。国家海洋局会同有关部门要认真落实《区划》实施的各项保障措施，对《区划》执行情况进行跟踪评估和监督检查。要科学制定围填海计划并纳入国民经济和社会发展计划，严格执行建设项目用海预审和审批制度。要建立全覆盖、立体化、高精度的海洋综合管控体系，不断完善海域管理的体制机制，加大海洋行政执法力度，整顿和规范海洋开发利用秩序。各级财政部门要积极支持海洋功能区划工作，中央和地方海域使用金收入要支持海域海岸带开展综合整治修复。2012年10月10日，国务院批复了天津、河北、辽宁、江苏、浙江、福建、山东、广西8个省（区、市）的《级海洋功能区划（2011—2020年）》；2012年11月1日，国务院批准了广东省、海南省、上海市3个省级海洋功能区划（2011—2020年）。批复明确指出：《海洋功能区划》是合理开发利用海洋资源、有效保护海洋生态环境的法定依据，一经批准，任何单位和个人不得随意修改；确需修改《海洋功能区划》范围、海岸线和海洋功能区类型的，由省级人民政府提出修改方案，报国务院批准。编制各类产业规划涉及海域使用的，应当符合《海洋功能区划》要求。要认真落实《海洋功能区划》提出的各项任务和措施，不断完善海域管理的体制机制，严格执行项目用海预审、审批制度和围填海计划，健全海域使用权市场机制。坚持陆海统筹方针，切实加强海洋环境保护，地方海域使用金收入要支持海域海岸带开展综合整治修复。加大海洋行政执法力度，规范海洋开发利用秩序，加强社会和舆论监督。

3.2 海域权属管理制度

《海域使用管理法》第三条规定，“海域属于国家所有，国务院代表国家行使所有权”，“单位和个人使用海域，必须依法取得海域使用权”。根据这一规定，我国的内水和领海海域属国家所有，这些海域的使用，只有在依照法定程序得到许可，取得海域使用权以后才能进行。

3.2.1 海域国家所有权

《中华人民共和国物权法》第四十六条规定："矿藏、水流、海域属于国家所有。"内水和领海统称为领水，是我国领土的一部分，也是我国海域的一部分，处于国家主权的支配之下。它们与陆地领土以及矿藏、水流、森林等自然资源一样属于国家所有。国家作为唯一的所有者，对内水和领海海域享有占有、使用、收益和处分的权利。按照《海域使用管理法》的规定，国务院代表国家行使海域所有权，任何单位或者个人不得侵占、买卖或者以其他形式非法转让海域。《海域使用管理法》的所有实质性规定都是建立在海域国家所有权的基础之上的。

3.2.2 海域使用权

海域使用权是单位和个人以法定方式取得的对国家所有的特定海域的排他性支配权利。单位和个人使用海域，必须依法取得海域使用权，否则，使用海域是违法的。依法取得海域使用权的单位和个人有权占有、使用和获取经营使用特定海域的收益，任何单位和个人不得侵犯。海域使用权还可以依法转让和继承。海域使用权的行使受法律保护，同时也受到一定限制。根据《海域使用管理法》的规定，海域使用权人对不妨害其依法使用海域的非排他性用海活动，不得阻挠。海域使用权人也负有不得擅自改变海域的用途、依法保护和合理使用海域、在使用海域期间，未经依法批准不得从事海洋基础测绘等义务，即海域使用权人仅能在海洋行政主管部门批准的海域内，依海域使用权证书记载的海域使用用途、期限和范围内进行直接支配，否则就要承担相应的法律责任。《海域使用管理法》根据不同的海域用途规定了海域使用权的最高年限，如养殖用海 15 年、拆船用海 20 年、港口、修造船厂等建设工程用海 50 年等。同时规定海域使用期限届满，使用权人需要继续使用海域的可申请续期。

3.2.2.1　海域使用权的取得

《海域使用管理法》明确规定，海域属于国家所有，国务院代表国家行使海域所有权。任何单位或者个人不得侵占、买卖或者以其他形式非法转让海域。在中华人民共和国内水、领海，持续使用特定海域从事3个月以上的排他性用海活动的单位和个人，必须依法取得海域使用权；在中华人民共和国内水、领海，持续使用特定海域不足3个月的用海活动的单位和个人，可能对国防安全、海上交通安全和其他用海活动造成重大影响的排他性用海活动，参照有关规定办理临时海域使用证。

依照《海域使用管理法》的规定，单位和个人取得海域使用权，可以有三种方式，即：（1）向国家依法确定的海洋行政主管部门申请取得。这是行政依法审批的方式，是当前较普遍的方式。（2）招标的方式。就是发挥市场机制的作用，将海域使用权授予公开竞争中的优胜者，以寻求最佳的使用效益。（3）拍卖的方式。就是以公开竞价的形式，将海域使用权转让给最高应价者。

《海域使用管理法》规定，《海域使用管理法》施行前，已经由农村集体经济组织或者村民委员会经营、管理的养殖用海，符合海洋功能区划的，经当地县级人民政府核准，可以将海域使用权确定给该农村集体经济组织或者村民委员会，由本集体经济组织的成员承包，用于养殖生产。

3.2.2.1.1　海域使用权申请审批

《海域使用管理法》、《国务院办公厅关于沿海省、自治区、直辖市审批项目用海有关问题的通知》(国办发〔2002〕36号)、《国务院关于国土资源部〈报国务院批准的项目用海审批办法〉的批复》(国函〔2003〕44号)、《关于印发〈海域使用权管理规定〉的通知》(国海发〔2006〕27号)、《关于印发〈属地管理、逐级审查报国务院批准的项目用海申请审查工作规则〉的通知》(海管字〔2007〕22号)、《国家发展和改革委员会、国家海洋局关于加强围填海规划计划管理的通知》(发改地区〔2009〕

2976 号)、《国家发展改革委、国家海洋局关于印发〈围填海计划管理办法〉的通知》(发改地区〔2011〕2929 号)、《国家海洋局办公室关于印发〈关于在全国范围内实施市场化配置方式出让海砂开采海域使用权的通告〉的通知》(海办管字〔2012〕597 号)、《国家海洋局关于全面实施以市场化方式出让海砂开采海域使用权的通知》(国海管字〔2012〕895 号)对海域使用权的申请审批作了详细规定。

海域使用申请审批程序分为用海预审、申请、受理、审查、审核、报有审批权人民政府批准、审核机关作出项目用海批复和登记颁发海域使用权证。受理海域使用申请的海洋行政主管部门为受理机关；有审批权人民政府的海洋行政主管部门为审核机关；受理机关和审核机关之间的各级海洋行政主管部门为审查机关。

用海申请材料经受理机关初审，必要时对项目用海内容进行公示，不符合条件的依法告知申请人，符合条件需要报送的逐级报送审查机关审查，而后报送审核机关，审核机关对其初步审查后，通知申请人开展海域使用论证、提交相关材料；收到论证报告后，审核机关组织专家评审，必要时征求同级有关部门的意见。对符合用海预审条件的申请人出具用海预审意见书。对符合条件的申请用海，提请同级人民政府批准；不符合条件的，依法告知申请人。海域使用申请经批准后，由审核机关做出项目用海批复。审核机关将项目用海批复及时送达海域使用申请人，并抄送有关人民政府及海洋行政主管部门。

(1) 用海预审

实行审批制和核准制的涉海工程建设项目，在向发展改革委等项目审批、核准部门报送可行性研究报告、项目申请报告时，应当附同级人民政府海洋行政主管部门对其海域使用申请的预审意见，预审意见应明确安排围填海计划指标的相应额度；省以下（含计划单列市）海洋行政主管部门出具用海预审意见前，应当取得省级海洋行政主管部门安排围填海计划指标及相应额度的意见。建设项目经批准后，申请人应当及时将项目批准文件提交海洋行政主管部门。海洋行政主管部门收到项目批准文件后，依法办理海域使用权报批手续。用海预审意见有效期2年。有效期内，项目拟用海面积、位置和用途等发生改变的，应当重新提出海域使用申请。

实行备案制的涉海工程建设项目，必须首先向发展改革委等项目备案管理部门办理备案手续，备案后，向海洋行政主管部门提出用海申请，取得省级海洋行政主管部门围填海计划指标安排意见后，办理用海审批手续。

国务院或国务院投资主管部门审批或核准的建设项目需要使用海域的，项目申请人应当在项目可行性研究阶段或项目申请报告核准之前，办理用海预审手续。用海预审意见是审批建设项目可行性研究报告或者核准项目申请报告的必要文件。建设项目单位向国家海洋局提出项目用海预审申请，申请材料包括建设项目用海预审申请报告（拟建项目的基本情况，项目拟用海选址、范围、面积等用海情况，占用海岸线情况，项目用海平面布置情况等）、申请海域的坐标图（宗海位置图和宗海界址图，由具备海洋测绘资质的单位出具，统一采用WGS-84坐标）、资信证明材料等。国家海洋局收到预审申请材料后，组织项目所在省（自治区、直辖市）海洋行政主管部门进行初步审查，符合条件的，通知建设项目单位在限期内提交海域使用论证报告。收到论证报告后，组织专家评审。必要时征求国务院有关部门和单位的意见。海域使用论证报告自通知提交之日起超过一年未提交的，国家海洋局退回项目用海预审申请材料。国家海洋局依据海洋功能区划、海域使用论证报告及专家评审意见进行预审，并出具用海预审意见，涉及使用海域进行填海的，在用海预审意见中明确安排围填海计划指标的相应额度。

（2）申请

海域使用申请是以申请方式取得海域使用权的第一步，也是当前取得海域使用权的一项法定程序，因此《海域使用管理法》规定，单位和个人可以向县级以上人民政府海洋行政主管部门申请使用海域。

为了加强围填海造地管理，国家对围填海实施年度计划控制管理。建设项目需要使用海域的，项目建设单位在申报项目可行性研究报告或项目申请报告前，应依法向国家或省级海洋行政主管部门提出海域使用申请。其中，由国务院或国务院有关部门审批或核准的建设项目，应向国家海洋局提出海域使用申请；省及省以下审批、核准或备案的建设项目，应向省级海洋行政主管部门提出海域使用申请。

申请人在提交海域使用申请前，应查看自己的项目是否属于国务院或国务院投资主管部门审批、核准的建设项目以及跨省（区、市）项目等，以便确定到哪里提交海域使用申请。

（3）受理

受理程序分两个层次：国家海洋行政主管部门受理国务院或国务院投资主管部门审批、核准的建设项目；省、自治区、直辖市管理海域以外或跨省、自治区、直辖市管理海域的项目；国防建设项目；油气及其他海洋矿产资源勘查开采项目；国家直接管理的海底电缆管道项目；国家级保护区内开发项目及核心区用海的海域使用申请；上述规定以外的，由县级海洋行政主管部门受理。跨管理海域的，由共同的上一级海洋行政主管部门受理。

同一项目用海含不同用海类型的，应当按项目整体受理、审查、审核和报批。

受理机关收到申请材料后，应当组织现场调查和权属核查，并对项目用海是否符合海洋功能区划；申请海域是否设置海域使用权；申请海域的界址、面积是否清楚进行审查。必要时受理机关应当对项目用海内容进行公示。符合条件需要报送的，应当在收到申请材料之日起10日内提出初审意见，并将初审意见和申请材料报送审查机关；符合条件不需要报送的，受理机关依法进行审核。不符合条件的，依法告知申请人。

根据《关于在全国范围内实施市场化配置方式出让海砂开采海域使用权的通告》(2012年12月17日发布)，国家海洋局自2013年1月1日起，在全国范围内实施以拍卖挂牌等市场化配置方式出让海砂开采海城使用权。通告发布即日起，国家海洋局不再受理海砂开采海域使用申请。

(4) 审查

审查机关在收到受理机关报送的申请材料后 10 日内，对项目用海是否符合海洋功能区划；申请海域是否计划设置其他海域使用权；申请海域是否存在管辖异议进行审查后，提出审查意见报送上级审查机关或审核机关。

(5) 审核

审核机关对报送材料初步审查后，通知申请人开展海域使用论证、提交相关材料；收到论证报告后，组织专家评审；必要时征求同级有关部门的意见。

国家海洋行政主管部门（国家海洋局）直接受理的项目，沿海省（自治区、直辖市）海洋行政主管部门初审过程中，应当组织现场调查和权属核查，并重点审查以下事项：项目用海是否符合海洋功能区划，申请海域是否设置海域使用权，申请海域的界址面积是否清楚，海岸线利用是否符合相关规定等。省（自治区、直辖市）海洋行政主管部门应当在规定时间内将本部门初审情况及结论性审查意见报送国家海洋局，并附标注项目用海范围的省级海洋功能区划图和毗邻海域确权现状图；县级以上海洋行政主管部门受理并报国务院审批的项目用海（填海 50 公顷以上的项目用海；围海 100 公顷以上的项目用海；不改变海域自然属性的用海 700 公顷以上的项目用海），经审核报省级人民政府同意后，报至国家海洋行政主管部门。

审核机关对申请、受理和审查是否符合规定程序和要求；是否符合海洋功能区划和相关规划；是否符合国家有关产业政策；是否影响国防安全和海上交通安全；申请海域是否计划设置其他海域使用权；申请海域是否存在管辖异议；海域使用论证结论是否切实可行；申请海域界址、面积是否清楚，有无权属争议进行审查。对符合条件的，提请同级人民政府批准；不符合条件的，依法告知申请人。

（6）审批

经审核机关审核符合条件的海域使用申请，提请同级人民政府批准。海域使用申请经批准后，由审核机关作出项目用海批复，内容包括：批准使用海域的面积、位置、用途和期限；海域使用金征收金额、缴纳方式、地点和期限；办理海域使用权登记和领取海域使用权证书的地点和期限；逾期的法律后果；海域使用要求；其他有关的内容。

审核机关应当将项目用海批复及时送达海域使用申请人，并抄送有关人民政府及海洋行政主管部门。海域使用申请人应当按项目用海批复要求办理海域使用权登记，领取海域使用权证书。海域使用权证书是海域使用权的法律凭证。

填海50公顷以上（包括本数）的项目用海；围海100公顷以上（包括本数）的项目用海；不改变海域自然属性用海700公顷以上（包括本数）的项目用海；国务院或国务院投资主管部门审批、核准的建设项目用海；省、自治区、直辖市管理海域以外或跨省、自治区、直辖市管理海域的项目用海；国防建设用海；油气及其他海洋矿产资源勘查开采项目；国家直接管理的海底电缆管道项目；国家级保护区内的开发项目及核心区用海报国务院批准。

国务院审批以外的审批权限，授权省、自治区、直辖市人民政府按照以下原则规定：填海（围海造地）50公顷以下（不含本数）的项目用海，由省、自治区、直辖市人民政府审批，其审批权不得下放；围海100公顷以下（不含本数）的项目用海，由省、自治区、直辖市、设区的市、县（市）人民政府分级审批，分级审批权限由省、自治区、直辖市人民政府按照项目种类、用海面积规定。700公顷以下（不含本数）不改变海域自然属性的项目用海，主要由设区的市、县（市）人民政府审批。

《海南省实施〈中华人民共和国海域使用管理法〉办法》规定，填海超过27公顷，不超过50公顷的项目用海，应当报省人民政府审批；填海27公顷以下的项目用海应当报沿海市、县、自治县人民政府审批。

3.2.2.1.2　海域使用权招标或拍卖

《海域使用管理法》第二十条规定："海域使用权除依照本法第十九条规定的方式取得外，也可以通过招标或者拍卖的方式取得。招标或者拍卖方案由海洋行政主管部门制订，报有审批权的人民政府批准后组织实施。海洋行政主管部门制订招标或者拍卖方案，应当征求同级有关部门的意见。招标或者拍卖工作完成后，依法向中标人或者买受人颁发海域使用权证书。中标人或者买受人自领取海域使用权证书之日起，取得海域使用权。"《海域使用权管理规定》第五章对招标或拍卖做出规定，同一海域有两个或者两个以上用海意向人的，应当采用招标、拍卖方式出让海域使用权。除国务院或国务院投资主管部门审批、核准的建设项目；国防建设项目；传统赶海区、海洋保护区、有争议的海域或涉及公共利益的海域；法律法规规定的其他情形外，海洋行政主管部门可以采取招标、拍卖方式出让海域使用权。

招标或者拍卖方案由海洋行政主管部门根据海洋功能区划、海域使用论证结论、海域评估结果等制订，并应当征求同级有关部门的意见，报有审批权的人民政府批准后组织实施。由有审批权的人民政府海洋行政主管部门或者委托的单位，根据批准的招标、拍卖方案编制招标、拍卖文件，发布招标拍卖公告，在海域使用权招标、拍卖活动结束后10日内公布招标、拍卖结果。标底、底价应当根据尚未海域评估结果等确定，不得低于按海域使用金征收标准确定的海域使用金、海域使用论证费、海域使用测量费和海域评估费等费用总和。海洋行政主管部门和中标人、受买人签署成交确认书，并按规定签订海域使用权出让合同。中标人、买受人应当持价款缴纳凭证和海域使用权出让合同，办理海域使用权登记，领取海域使用权证书。

河北省、浙江省、福建省、江苏省、海南省、日照市、盐城市、连云港市、莆田市、惠州市、海口市、三亚市、如东县等省市县已相继公布了招标、拍卖或挂牌方式出让海域使用权的管理办法。

2012年12月17日，国家海洋局发布《关于在全国范围内实施市场化配置方式出让海砂开采海域使用权的通告》，为进一步公平、公开、公正配置海域资源；规范海砂开采用海秩序，发挥国家资源的最大效益，国家海洋局决定，自2013年1月1日起，在全国范围内实施以拍卖挂牌等市场化配置方式出让海砂开采海城使用权。2012年12月28日，《国家海洋局关于全面实施以市场化方式出让海砂开采海域使用权的通知》(国海管字〔2012〕895号）印发，就全面实施以市场化方式出让海砂开采海域使用权有关事项进行了明确。

3.2.2.1.3　海域使用权登记发证

《海域使用管理法》第六条规定："国家建立海域使用权登记制度，依法登记的海域使用权受法律保护。"第十九条规定："海域使用申请经依法批准后，国务院批准用海的，由国务院海洋行政主管部门登记造册，向海域使用申请人颁发海域使用权证书；地方人民政府批准用海的，由地方人民政府登记造册，向海域使用申请人颁发海域使用权证书。海域使用申请人自领取海域使用权证书之日起，取得海域使用权。"为了贯彻实施《海域使用管理法》，规范海域使用权登记工作，完善海域使用权登记制度，维护国家海域所有权和海域使用权人的合法权益，国家海洋局制定了《海域使用权登记办法》，以国海发〔2006〕28号文件印发。

海域使用申请人应当按项目用海批复要求办理海域使用权登记，领取海域使用权证书。中标人、买受人应当持价款缴纳凭证和海域使用权出让合同，办理海域使用权登记，领取海域使用权证书。

（1）登记

《物权法》第九条规定："不动产物权的设立、变更、转让和消灭，经依法登记，发生效力；未经登记，不发生效力，但除法律另有规定外。"海域使用权作为重要的用益物权，应当按照《海域使用管理法》和《海域使用权登记办法》的规定进行登记。海域使用权登记是指依法对海域的权属、面积、用途、位置、使用期限等情况以及海域使用权派生的他项权利（指出租、抵押海域使用权形成的承租权和抵押权）所作的登记，包括海域使用权初始登记、变更登记和注销登记。在登记过程中，对海域使用权属争议尚未解决、违法行为尚未处理或正在处理、依法查封用海设施构筑物而限制海域使用权等情形，应当暂缓登记，待有关问题协商解决后再登记。

海域使用权的登记以宗海为单位，但填（围）海造地的，应独立分宗登记。单位和个人取得两宗以上海域的，应当按宗分别申请登记。两个以上海域使用人使用同一宗海域的，应当共同申请登记。

海域使用权按照审批权限实行分级登记。国务院批准的项目用海，由国家海洋行政主管部门登记造册；县级以上地方人民政府批准的项目用海，由批准用海的地方人民政府登记造册，同级海洋行政主管部门负责具体登记工作。变更登记、注销登记和他项权利登记由原海域使用权登记机关办理。

通过申请审批或者招标拍卖方式确定海域使用权后，海域使用权申请人、中标人或者买受人提出登记申请。依据海域使用管理法第二十二条的规定确定给集体经济组织或者村民委员会的海域使用权由集体经济组织或者村民委员会提出登记申请。出租、抵押海域使用权的，双方当事人应当在签订租赁、抵押协议之日起 30 日内到原登记机关办理出租、抵押登记。

下列情形之一的，海域使用权人应当申请变更登记：海域使用权续期的；改变海域使用位置、面积或者期限的；地址或者法定代表人发生变化的；填（围）海造地项目已竣工验收的；其他形式的变更。有下列情形之一导致海域使用权人变更的，当事人应当申请变更登记：因企业合并、分立或者与他人合资、合作经营的；依法转让海域使用权的；依法继承海域使用权的；因行政机关调解而引起海域使用权转移的；因人民法院判决、裁定、调解或仲裁裁决而引起海域使用权转移的；海域使用权人名称改变的；其他形式的变更。变更登记应当在有关文书生效或者签订之日起 30 日内向原登记机关申请。但依法批准的变更，应当在变更批准文件规定的期限内办理变更登记。

注销登记是对海域使用权消亡所进行的登记，分为因海域使用权人申请而注销和登记机关主动注销。后者主要有五种情形：县级以上政府依法收回海域使用权的；海域使用权期限届满，未申请续期或者续期申请未获批准的；填（围）海造地项目已竣工验收并办理相关手续的；海域使用权人放弃海域使用权的；海域使用权人死亡，且无人继承的。他项权利注销的，双方当事人应当提交下列材料：海域使用权登记申请表；营业执照、法定代表人身份证明、个人身份证明；海域使用权证书；出租、抵押协议。

登记机关应当在海域使用权登记后进行公告。

海域使用权登记册是海域使用权及他项权利的法律依据。依法登记的海域使用权及他项权利受法律保护，任何单位和个人不得侵犯。

（2）发证

为规范海域使用权证书印制、发放和管理工作，切实维护海域使用权证书的权威性和统一性，保障海域使用权人的合法权益，国家海洋局相继发布了《关于启用2008版海域使用权证书的通知》(国海发〔2007〕32号)、《关于印发〈海域使用权证书管理办法〉的通知》(国海发〔2008〕24号)、《关于开展海域使用权证书统一配号工作的通知》(国海管字〔2011〕907)。

国家海洋局负责海域使用权证书的统一印制和监督管理。国家海洋局北海分局、东海分局、南海分局负责海域使用权证书的发放及发放后的监督检查。沿海县级以上人民政府海洋行政主管部门负责填写和向海域使用权人颁发海域使用权证书。

沿海县级以上人民政府海洋行政主管部门负责填写和向海域使用权人颁发海域使用权证书。从事海域使用权登记工作的人员应当根据海域使用权登记表填写海域使用权证书。海域使用权注销的，持证人应当将海域使用权证书交回登记机关。海域使用权证书记载的内容与海域使用权登记表不一致的，除有证据证明海域使用权登记表确有错误外，以海域使用权登记表为准。海域使用权证书不得涂改，涂改的证书一律无效。新版证书启用后，原有版式空白证书停止发放，并向社会公告。

海域使用权证书是海域使用权人享有海域使用权的证明，由海域使用权人持有。海域使用申请人、中标人或者买受人自领取海域使用权证书之日起，取得海域使用权。海域使用权证书是确认海域使用权权属的必要证明文件，这个文件的取得与权属的确定是一致的，不可分离，有明显的法律上的效力。

颁发海域使用权证书，应当向社会公告。颁发海域使用权证书，除依法收取海域使用金外，不得收取其他费用。海域使用权变更的，当事人应当及时向登记机关申请办理变更手续，同时换发海域使用权证书。

海域使用权证书中所载的各项内容是海域使用行政检查中对海域使用许可执行情况检查的主要依据，执法人员需掌握海域使用权证书所列内容的含义。2007 年，国家海洋局组织对海域使用权证书做了修订，印发了《关于启用 2008 版海域使用权证书的通知》(国海发〔2007〕32 号)，通知要求自 2008 年 1 月 1 日起启用 2008 版海域使用权证书，原经各级人民政府批准发放的海域使用权证书继续有效。

2008 版海域使用权证书说明（图 3－1、图 3－2）：

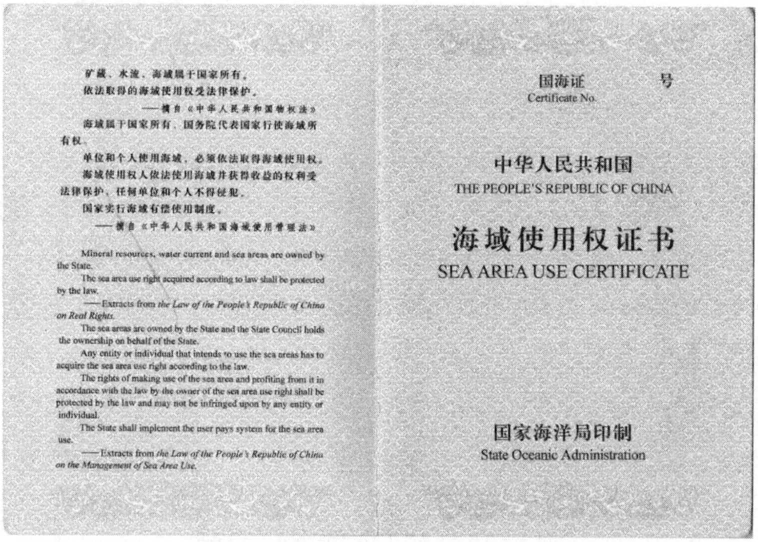

矿藏、水流、海域属于国家所有。

依法取得的海域使用权受法律保护。

——摘自《中华人民共和国物权法》

海域属于国家所有，国务院代表国家行使海域所有权。

单位和个人使用海域，必须依法取得海域使用权。

海域使用权人依法使用海域并获得收益的权利受法律保护，任何单位和个人不得侵犯。

国家实行海域有偿使用制度。

——摘自《中华人民共和国海域使用管理法》

Mineral resources, water current and sea areas are owned by the State.

The sea area use right acquired according to law shall be protected by the law.

——Extracts from *the Law of the People's Republic of China on Real Rights.*

The sea areas are owned by the State and the State Council holds the ownership on behalf of the State.

Any entity or individual that intends to use the sea areas has to acquire the sea area use right according to the law.

The rights of making use of the sea area and profiting from it in accordance with the law by the owner of the sea area use right shall be protected by the law and may not be infringed upon by any entity or individual.

The State shall implement the user pays system for the sea area use.

——Extracts from *the Law of the People's Republic of China on the Management of Sea Area Use.*

国海证　　　号

Certificate No.

中华人民共和国

THE PEOPLE'S REPUBLIC OF CHINA

海域使用权证书

SEA AREA USE CERTIFICATE

国家海洋局印制

State Oceanic Administration

图 3－1　海域使用权证书编号规则

图3－2　海域使用权证书—封面、封底

1. 国海证号：国家海洋局通过国家海域动态监视监测管理系统，对海域使用权证书实行全国统一配号。证书号码为16位，分为五部分组成：（1）第1～4位为年号，采用公历年份；（2）第5位表示发证级别，A、B、C、D分别代表证书由国家级、省级、市级、县级海洋行政主管部门颁发。（3）第6～11位为行政区划代码，采用国家标准。第6、7位表示省（自治区、直辖市），第8、9位表示地级市（自治州及直辖市所属市辖区），第10、11位表示县（市辖区、县级市）；（4）第12～15位为省内顺序号，顺序号以年度为周期，每年启用新的序号，在各省范围内按申请时间顺序编号；（5）第16位为校验码，由数字或字母构成，系统随机生成（图3－3）。

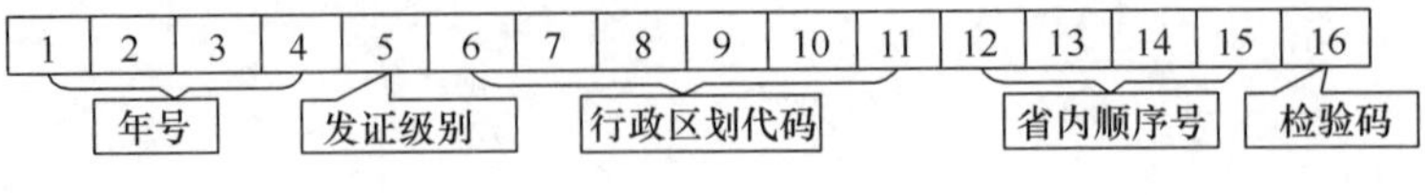

图3－3　海域使用权证书编号规则

2. 发证机关（印章）：国务院批准的项目用海，盖国家海洋局印章；地方人民政府批准的项目用海，盖批准项目用海的地方人民政府印章，也可以盖地方人民政府海域使用审批专用章（图 3 –4）。

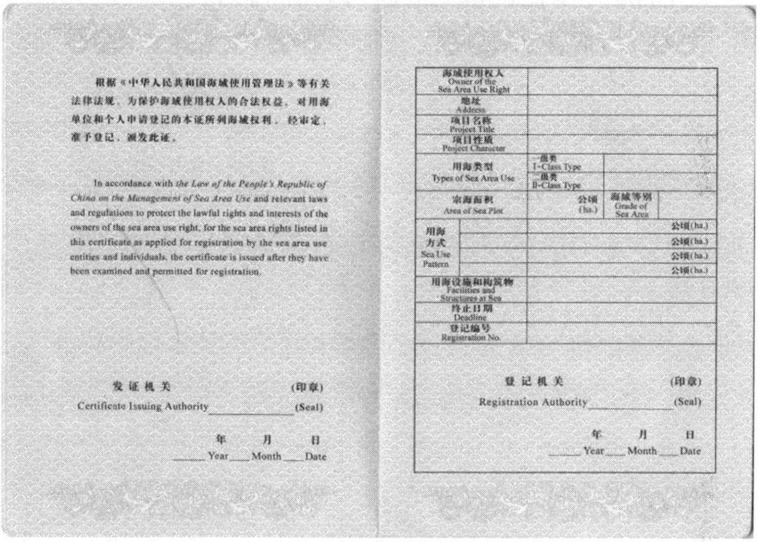

图 3 –4　海域使用权证书 –2

3. 海域使用权人：填写依法取得海域使用权的单位或者个人的名称。海域使用权人是单位的，填写单位名称；是个人的，填写个人姓名。

4. 地址：填写海域使用权人通讯地址。如果非法人单位等地址不明确的，填写负责人通讯地址。

5. 项目名称：按照依法批准或招标拍卖确定的项目名称填写。

6. 项目性质：选择经营性或公益性填写。

7. 用海类型和用海方式：按《海域使用分类体系》的相关规定填写。

8. 宗海面积：填写权属界址线所封闭的单宗海域面积，单位是公顷。用海项目中同时包括填海和非填海的，填海部分应当单独填写海域使用权证书。

9. 海域等别：按照《关于加强海域使用金征收管理的通知》(财综〔2007〕10号)中规定的海域等别填写。

10. 用海设施和构筑物：填写用海设施或构筑物的名称。如养殖筏，养殖网箱，人工渔礁，跨海桥梁，海底隧道，栈桥，堤坝，人工岛，钻井平台，采油平台，海底电缆、管道，取、排水设施等。

11. 终止日期：自准予登记之日起计算的使用海域期限，具体到年月日。

12. 登记编号：填写登记机关对该宗用海登记造册的编号。

13. 登记机关（印章）：加盖负责项目用海登记的机关印章。

14. 宗海位置图：按照海籍调查规范要求制作，加盖测量资质单位印章。粘贴处加盖登记机关骑缝章（图3－5）。

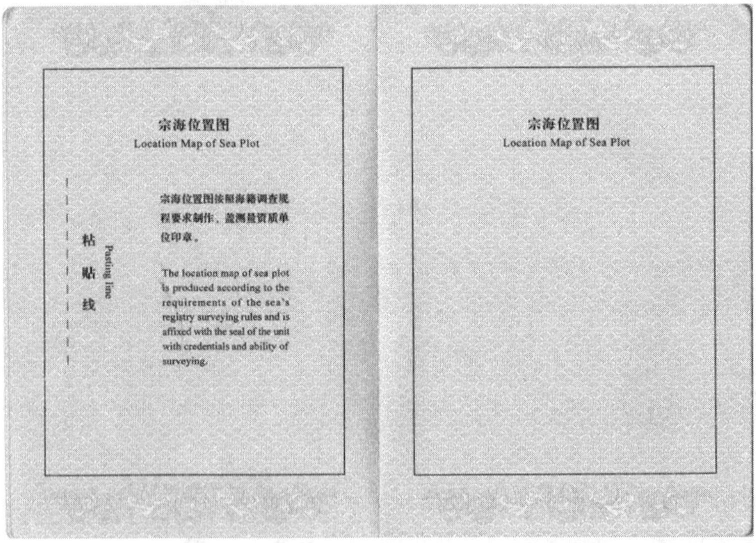

图3－5　海域使用权证书－3

15. 宗海界址图及坐标：按照海籍调查规范要求制作，标注本宗海各顶点（拐点）坐标、比例尺、方向、测量单位、测量人等内容。如果周围有其他依法确权海域使用项目，或者明显标志物，也应当注明，加盖测量资质单位印章。粘贴处加盖登记机关骑缝章（图 3－6）。

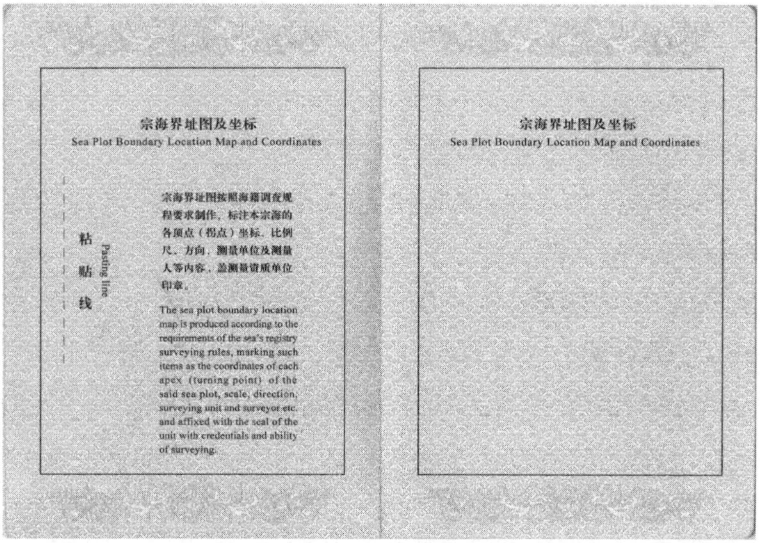
宗海界址图及坐标
Sea Plot Boundary Location Map and Coordinates

粘贴线
Pasting line

宗海界址图按照海籍调查规程要求制作，标注本宗海的各顶点（拐点）坐标、比例尺、方向、测量单位及测量人等内容，盖测量资质单位印章。

The sea plot boundary location map is produced according to the requirements of the sea's registry surveying rules, marking such items as the coordinates of each apex (turning point) of the said sea plot, scale, direction, surveying unit and surveyor etc. and affixed with the seal of the unit with credentials and ability of surveying.

宗海界址图及坐标
Sea Plot Boundary Location Map and Coordinates

图 3－6　海域使用权证书－4

16. 海域使用金缴纳记录：缴纳方式选择逐年、一次性或分期填写；缴纳金额填写缴纳的具体数额，金额单位为元，保留小数点后 2 位；缴纳时间按照一般缴款书或海域使用金汇款凭证的时间填写；计征机关填写批准项目用海的人民政府同级海洋行政主管部门名称；经办人填写承办人员姓名或盖承办人签章（图 3－7）。

17. 他项权利设定纪录：他项权利类型，填写承租权或抵押权；他项权利人，填写他项权利人的单位或个人；设定时限，填写经登记机关核准的时间，具体到年月日。登记机关，填写办理他项权利登记的机关名称；经办人填写具体承办人员姓名或盖承办人签章（图 3－8）。

3.2.2.2　海域使用权的实现

《海域使用管理法》不仅对海域使用权的取得做出规定，而且对这种权利的保护与实施等事项做出规定，也就是不仅确定权属，而且保障和规范其实现。

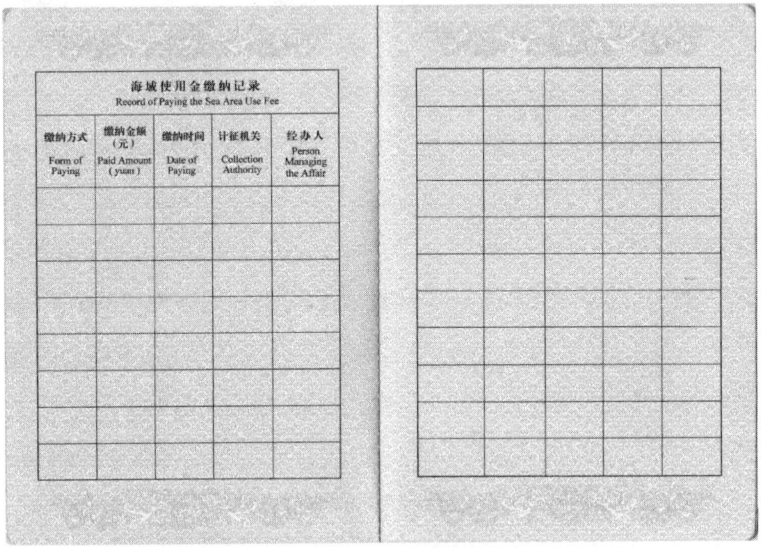

海域使用金缴纳记录
Record of Paying the Sea Area Use Fee

缴纳方式 Form of Paying	缴纳金额（元） Paid Amount (yuan)	缴纳时间 Date of Paying	计征机关 Collection Authority	经办人 Person Managing the Affair

图 3－7 海域使用权证书－5

他项权利设定记录
Record of Setting Other Rights

他项权利类型 Types of Other Rights	他项权利人 Persons of Other Rights	设定时限 Set Time Limit	登记机关 Registration Authority	经办人 Person Managing the Affair

注意事项

一、本证为海域使用权的法律凭证，由海域使用权人持有。
二、本证记载的内容以海洋行政主管部门的海域使用权登记内容为准。
三、所载内容如有变更，持证人应当及时向登记机关申请办理变更手续。
四、本证应妥善保管，如有遗失或毁损，持证人应及时报登记机关并补办有关手续。
五、本证不得涂改，涂改的证书一律无效。
六、未经批准，本证所代表的海域使用权不得转让。
七、各级人民政府有关行政主管部门检查海域使用有关情况时，持证人应当主动出示本证。

Notes

1. The certificate shall serve as a legal document of the sea area use right, which is held by the owner of the sea area use right.
2. The content of the certificate should take the content of the registration of sea area use right with the competent marine department.
3. In case of any change in the content of the certificate, the certificate holder shall report to the regisration authority in time to apply for going through the procedures for the change.
4. The certificate shall be kept properly. In case the certificate is lost or damaged, the certificate holder shall report to the registration authority in time and go through supplementary procedures as appropriate.
5. The certificate shall not be altered, and any altered certificate shall be invalid without exception.
6. Without authorization, the sea area use right licensed in the certificate shall not be transferred.
7. The certificate holder shall show the certificate for inspection or survey to the officials from the relevant administration departments of the people's governments at various levels.

图 3－8 海域使用权证书－6

3.2.2.2.1　权利保护

海域使用权是一种财产权利，使用权人可以运用这种权利谋取一定的利益，实现一定的目的。因此依据《海域使用管理法》第二十三条规定，只要是依法取得和运用海域使用权的，其使用权人的合法权利和运用中获得的利益就应当受到法律的保护，其他人对这种权利应当承认，并不得有侵犯的行为。

《海域使用管理法》明确规定，“海域使用权人依法使用海域并获得收益的权利受法律保护，任何单位和个人不得侵犯”，“原批准用海的人民政府因公共利益或者国家安全的需要，在海域使用权期满前提前收回海域使用权的，对海域使用权人应当给予相应的补偿”。

《福建省海域使用补偿办法》、《广西壮族自治区海域使用权收回补偿办法》等规范了海域使用权的补偿秩序，切实保障海域使用权人的合法权益。

3.2.2.2.2　应尽义务

《海域使用管理法》规定，海域使用权人应当遵行用海的法律秩序，必须履行下列义务：海域使用权人有依法保护和合理使用海域的义务；海域使用权人对不妨害其依法使用海域的非排他性用海活动，不得阻挠；海域使用权人在使用海域期间，未经依法批准，不得从事海洋基础测绘；海域使用权人发现所使用海域的自然资源和自然条件发生重大变化时，应当及时报告海洋行政主管部门；海域使用权终止后，原海域使用权人应当拆除可能造成海洋环境污染或者影响其他用海项目的用海设施和构筑物等。

3.2.2.2.3　使用海域期限

（1）期限

海域使用权是有期限的，自准予登记之日起，至终止日期为使用海域期限。由法律规定某些特定用途的最高期限，如养殖用海期限为 15 年；拆船用海期限为 20 年；旅游、娱乐用海期限为 25 年；盐业、矿业用海期限为30年；公益事业用海期限为40年；港口、修造船厂等建设用海期限为50年。这些都是根据用海的性质、需要的投入、可能的收益等情况设定的。

（2）续期

在海域使用期限届满时可以续期，需要继续使用的，海域使用权人应当至迟于期限届满前2个月向审核机关提交海域使用权续期申请；海域使用权证书；资信等相关证明材料等材料，审核机关收到海域使用权续期申请后，应当在20日内提出审核意见，报原批准用海的人民政府审批。续期申请批准后的，海域使用权人依法缴纳续期的海域使用金，由审核机关办理海域使用权登记、发证；不予批准的，审核机关依法告知申请人。

（3）终止

海域使用权期满，未申请续期或者申请续期未获批准的，海域使用权终止。海域使用权人按《海域使用权登记办法》向原登记机关提交注销登记申请材料，登记机关审查核实后办理注销登记，终止海域使用权并公告。

海域使用权期满海域使用权人未申请续期或者申请续期未获批准的，海域使用权人放弃海域使用权的、海域使用权人死亡且无人继承的、围填海造地项目已竣工验收并办理相关手续的和县级以上人民政府依法收回海域使用权的情形，登记机关直接办理注销登记，海域使用权即行终止。

3.2.2.2.4 海域使用权的移转

海域使用权作为物权的一种，具有财产属性及流动性。按照法律规定，海域使用权的移转形式主要有企业合并、分立或者与他人合资、合作经营变更海域使用权人；转让；继承；因行政机关调解引起海域使用权转移；因人民法院判决、裁定、调解或仲裁裁决引起海域使用权转移等。

（1）企业合并、分立或者与他人合资、合作经营

因企业合并、分立或者与他人合资、合作经营，变更海域使用权人的应当向原批准用海的人民政府海洋行政主管部门提交海域使用权变更申

请；海域使用权证书；海域使用金缴纳凭证；企业合并、分立或者与他人合资、合作经营的有关证明文件；存在出租、抵押情况的，应当提交租赁、抵押协议；相关资信证明材料。审核机关收到海域使用权变更申请后，应当在 20 日内提出审核意见，报原批准用海的人民政府审批。变更申请批准后的，由审核机关办理海域使用权登记、发证；不予批准的，审核机关依法告知申请人。

（2）依法转让

海域使用权有出售、赠与、作价入股、交换等情形的，可以依法转让。

转让海域使用权应当具备下列条件：开发利用海域满 1 年；不改变海域用途；已缴清海域使用金；除海域使用金以外，实际投资已达计划投资总额 20% 以上；海域使用权人无违法用海行为，或违法用海行为已依法处理。

海域使用权转让双方应当向原批准用海的人民政府海洋行政主管部门提交海域使用权转让申请；转让协议；海域使用权证书；用海设施所有权的合法证明材料；受让方资信证明材料；海洋行政主管部门要求的其他书面材料。

海洋行政主管部门收到转让申请材料后，15 日内予以批复。批准的，转让双方应当在 15 日内办理海域使用权变更登记，领取海域使用权证书。不予批准的，海洋行政主管部门依法告知转让双方。海域使用权转让时，其固定附属用海设施随之转让。固定附属用海设施转让时，其使用范围内的海域使用权随之转让。法律法规另有规定的，从其规定。

（3）依法继承

《海域使用管理法》规定，海域使用权可以依法继承。

依法继承海域使用权的，当事人应当申请变更登记。

（4）行政机关调解而引起海域使用权转移

《海域使用管理法》第三十一条规定，“因海域使用权发生争议，当事人协商解决不成的，由县级以上人民政府海洋行政主管部门调解；当事人也可以直接向人民法院提起诉讼。在海域使用权争议解决前，任何一方不得改变海域使用现状”。

为了规范海域使用权争议调解处理工作，保护海域使用权人的合法权益，国家海洋局制定了《海域使用权争议调解处理办法》，以国海发〔2002〕10号文件印发。

海域使用权争议是指当事人之间因海域使用权的归属而发生争议。调解应符合自愿、合法的原则。

申请调解处理海域使用权争议必须符合下列条件：申请人与海域使用权争议有直接利害关系；有明确的请求处理对象、具体的请求和事实根据；符合县级以上人民政府海洋行政主管部门调解处理海域使用权争议案件的范围；申请应当提交有管辖权的海洋行政主管部门。海域使用权侵权案件、海域管理界线或者海陆界线争议案件、海域使用违法案件和海域使用权流转合同争议案件皆不属于海域使用争议调解的范围。

当事人申请调解处理海域使用权争议，应当提交调解申请书。海洋行政主管部门应当在接到当事人的书面调解申请之日起10日内，决定是否受理。已就海域使用权争议向人民法院提起诉讼的，海洋行政主管部门不予受理。决定受理的，应当在决定受理之日起10日内将申请书副本发送对方当事人。对方当事人应当在接到申请书副本之日起20日内提出答辩书和有关证据。海洋行政主管部门决定受理后，应当及时指定承办人员。承办人员依法开展调查取证，当事人或其委托代理人进行调查举证。在海域使用权争议解决之前，任何一方不得改变海域使用现状。海洋行政主管部门按照规定在查清事实的基础上进行调解，促成当事人协商解决，达成协议。调解结束前一方当事人提起诉讼的，海洋行政主管部门终止调解处理。调解达成协议的应制作调解书，调解书经当事人签名或者盖章，由承办人员署名并加盖海洋行政主管部门印章后生效，具有法律效力，作为海域使用权登记的依据。调解书应当在调解达成协议之日起15日内送达当事人，当事人应当在送达回执上签字。调解未达成协议的，调解机关应当及时提出处理意见。调解处理需要重新确认海域使用权的由海洋行政主管部门按规定程序办理相关手续。《海域使用权登记办法》规定，因行政机关调解而引起海域使用权转移的，当事人应当申请变更登记，变更登记应当在有关文书生效或者签订之日起 30 日内向原登记机关申请。

（5）人民法院判决、裁定、调解或仲裁裁决而引起海域使用权转移

因海域使用权发生争议，当事人协商解决不成的，当事人直接向人民法院提起诉讼或经县级以上人民政府海洋行政主管部门调解未达成协议的，向人民法院提起诉讼，经人民法院判决、裁定、调解或仲裁裁决而引起海域使用权转移的，当事人应当申请变更登记，变更登记应当在有关文书生效或者签订之日起 30 日内向原登记机关申请。

（6）填海造地项目竣工后换发国有土地使用权证书

《海域使用管理法》第三十二条规定，“填海项目竣工后形成的土地，属于国家所有。海域使用权人应当自填海项目竣工之日起 3 个月内，凭海域使用权证书，向县级以上人民政府土地行政主管部门提出土地登记申请，由县级以上人民政府登记造册，换发国有土地使用权证书，确认土地使用权”。

国家海洋局《关于印发〈海域使用权管理规定〉的通知》(国海发〔2006〕27 号）规定，填海造地项目在施工过程中应当进行海域使用动态监测。审核机关应当对填海造地项目组织竣工验收；竣工验收合格后，办理相关登记手续。

国家海洋局《关于印发〈填海项目竣工海域使用验收管理办法〉的通知》(国海发〔2007〕16 号）对填海项目竣工海域使用验收工作进行了规范。填海项目竣工后，海洋行政主管部门对海域使用权人实际填海界址和面积、执行国家有关技术标准规范、落实海域使用管理要求等事项进行的全面检查验收。国家海洋局负责全国填海项目竣工验收工作的监督管理，负责组织实施国务院审批的填海项目竣工验收工作；省、自治区、直

辖市海洋行政主管部门负责组织实施本省、自治区、直辖市人民政府审批的填海项目竣工验收工作。以上负责填海项目竣工验收的部门统称为竣工验收组织单位。海域使用权人应当自填海项目竣工之日起30日内，向相应的竣工验收组织单位提出竣工验收申请和规定的材料。符合要求的竣工验收申请由竣工验收组织单位受理后，5日内通知海域使用权人开展验收测量工作，由海域使用权人委托竣工验收组织单位认可的、具有海洋测绘或海籍测量资质的，且与承担本项目海域使用论证工作的技术单位不同的技术单位开展验收测量工作并编制验收测量报告，验收调查工作自签订委托协议之日起20日内完成。竣工验收组织单位组织项目所在省（区、市）及市（县）海洋、土地等有关行政主管部门和与填海项目无利害关系的测量专家成立验收组，对填海项目进行现场检查，听取海域使用权人、施工单位、验收测量单位等的报告，提出验收意见。出现不合理改变批准范围或超出面积实施填海的和没有落实海域使用批复文件要求的任一情形，验收不合格。对竣工验收合格的，竣工验收组织单位应当自竣工验收意见书签署之日起10日内，出具竣工验收合格通知书。验收不合格的填海项目，竣工验收组织单位发出限期整改通知书，要求海域使用权人限期整改，整改期满后重新提出竣工验收申请。海域使用权人没有整改或整改后仍存在问题的，移交中国海监机构按照《海域使用管理法》第四十二条及相关法律规定进行处理。竣工验收工作结束后30日内，竣工验收组织单位应当将竣工验收情况及有关材料报国家海洋局备案。

竣工验收合格后，海域使用权人在竣工验收通知书生效起30日内依照《海域使用权登记办法》向原登记机关申请办理相关（变更）登记手续。登记机关在受理申请后10日内办理变更登记。海域使用权人持变更登记后的海域使用权证书办理土地相关手续。

《国土资源部、国家海洋局关于加强围填海造地管理有关问题的通知》(国土资发〔2010〕219号）对填海造地项目竣工验收后，办理土地相关手续作了以下规定：围填海造地用于建设的，分为按区域成片开发建设和单个项目建设两种方式。对区域成片开发建设的，由同级政府作为实施主体，编制区域用海规划，具体项目依法履行围填海审批手续后组织实施，形成的土地按具体项目依法履行土地供应手续。对单个项目建设的，属于公益性项目、符合划拨用地目录的，围填海造地竣工验收后，按划拨土地办理相关土地手续；属于非公益性且依法可协议出让土地的项目，签订协议出让合同并补交土地出让金与海域使用金的差价后，申请办理土地相关手续；属于经营性的项目，由国土资源部和国家海洋局另行制订规定。对具体围填海项目竣工验收后，符合划拨用地目录的，由取得海域使用权的单位和个人申请划拨国有建设用地使用权初始登记，办理海域使用证换发国有土地使用证手续，注销海域使用权。对依法以出让方式取得国有建设用地使用权的，当事人应当持国有土地使用权出让合同价款缴纳凭证等相关证明材料，申请出让国有建设用地使用权初始登记。

填（围）海造地项目已竣工验收并办理相关手续的，登记机关直接办理注销登记，海域使用权终止，海域使用权转化为国有土地使用权。

3.2.2.2.5　海域使用权的收回

海域使用权的收回包括因公共利益或者国家安全的需要被依法收回和因海域使用权人严重违反法律的规定或拒不履行其应尽的义务时被依法收回两种情形。

《海域使用管理法》第三十条规定，“因公共利益或者国家安全的需要，原批准用海的人民政府可以依法收回海域使用权。依照前款规定在海域使用权期满前提前收回海域使用权的，对海域使用权人应当给予相应的补偿”。

因公共需要或者国家安全的需要，在海域使用期限届满前被原批准用海的人民政府收回海域使用权的，海域使用权人可以取得相应的补偿；在海域使用权期限满后，因公共需要或者国家安全的需要，原批准用海的人民政府不予批准续期，海域使用权终止，海域使用权被依法收回。

《海域使用管理法》第四十六条、第四十八条规定，擅自改变海域用途的，责令限期改正，没收违法所得，并处非法改变海域用途的期间内该海域面积应缴纳的海域使用金 5 倍以上 15 倍以下的罚款；对拒不改正的，由颁发海域使用权证书的人民政府注销海域使用权证书，收回海域使用权。按年度逐年缴纳海域使用金的海域使用权人不按期缴纳海域使用金的，限期缴纳；在限期内仍拒不缴纳的，由颁发海域使用权证书的人民政府注销海域使用权证书，收回海域使用权。依据《海域使用管理法》第四十六条、第四十八条规定收回海域使用权，是对违法使用海域行为的制裁和违反海域使用管理法律规定的惩处。

《福建省海域使用管理条例》、《广西壮族自治区海域使用权收回补偿办法》等地方法规规章对海域使用权的收回也作了具体规定。

3.2.2.2.6 海域使用权派生的他项权利

海域使用权派生的他项权利，是指出租、抵押海域使用权形成的承租权和抵押权。

国家海洋局对《海域使用权管理规定》海域使用权派生的他项权利的实施进行了规范。海域使用权出租的，承租人应当按照海域使用权证书确定的面积、年限和用途使用海域。海域使用权出租、抵押时，其固定附属用海设施随之出租、抵押，固定附属用海设施出租、抵押时，其使用范围内的海域使用权随之出租、抵押。法律法规另有规定的，从其规定。海域使用权取得时免缴或者减缴海域使用金的，补缴海域使用金后方可出租、抵押。有下列情形之一的，海域使用权不得出租、抵押：权属不清或者权属有争议的；未按规定缴纳海域使用金、改变海域用途等违法用海的；油气及其他海洋矿产资源勘查开采的；海洋行政主管部门认为不能出租、抵押的。海域使用权出租、抵押的，双方当事人应当到原登记机关办理登记手续。未经登记擅自出租、抵押海域使用权，出租、抵押无效。

国家海洋局印发的《海域使用权登记办法》海域使用权派生的他项权利的登记进行了规范。海域使用权登记是指依法对海域的权属、面积、用途、位置、使用期限等情况以及海域使用权派生的他项权利所作的登记，包括海域使用权初始登记、变更登记和注销登记。海域使用权及他项权利的取得、变更、终止应当依照本办法进行登记。依法登记的海域使用权及他项权利受法律保护，任何单位和个人不得侵犯。海域使用权登记册是他项权利的法律依据。他项权利登记由原海域使用权登记机关办理。设定他项权利的，由双方共同提出登记申请。出租、抵押期限超过海域使用权期限的出租、抵押海域使用权的，登记机关不予受理。双方当事人应当在签订租赁、抵押协议之日起 30 日内到原登记机关办理出租、抵押登记。他项权利注销的，双方当事人应当提交下列材料：海域使用权登记申请表；营业执照、法定代表人身份证明、个人身份证明；海域使用权证书；出租、抵押协议。海域使用权人或者他项权利人可以自行或者委托查询其海域权利范围内的原始登记资料。

3.2.3　临时海域使用

《海域使用管理法》第五十二条规定，“在中华人民共和国内水、领海使用特定海域不足 3 个月，可能对国防安全、海上交通安全和其他用海活动造成重大影响的排他性用海活动，参照本法有关规定办理临时海域使用证”。

依该条规定的精神，并非所有的使用特定海域不足 3 个月用海活动均须办理临时海域使用证，唯其中“可能对国防安全、海上交通安全或其他用海活动造成重大影响的排他性用海活动”，才须办理临时海域使用证。

为了加强对临时海域使用的管理，维护正常的海域使用秩序，根据《海域使用管理法》及有关规定，国家海洋局制定了《临时海域使用管理暂行办法》，以《关于印发〈临时海域使用管理暂行办法〉的通知》(国海发〔2003〕18 号）文件公布实施。主要内容如下：

取得临时海域使用证的法定方式是向本办法确定的海洋行政主管部门申请取得。

单位和个人可以向县级以上人民政府海洋行政主管部门申请临时使

用海域，申请人在提出申请时，应当提交海域使用申请书和资信证明。对国防安全、交通安全和海洋环境可能构成重大影响的临时海域使用活动还应当提交海域使用论证材料。临时使用海域，必须符合条件：符合海洋功能区划；对国防安全、交通安全和海洋环境不构成重大影响；对其他合法用海活动不构成重大影响；申请使用的海域未设定海域使用权。

国家海洋局负责全国临时海域使用活动的监督管理和指导；县级以上地方人民政府海洋行政主管部门负责本管理海域内临时海域使用活动的监督管理。县级地方人民政府海洋行政主管部门负责本管理海域内临时海域使用活动申请的受理和审批；国家海洋局负责省级管理海域外的临时海域使用活动申请的受理和审批；跨区域的临时海域使用活动的申请，由共同的上一级人民政府海洋行政主管部门受理和审批。海洋行政主管部门自受理临时海域使用活动申请之日起 15 日内完成审核。同意临时海域使用活动的，核发临时海域使用证；不同意的书面通知申请人并说明理由。

临时海域使用不得擅自改变海域用途，经批准的临时使用的海域，不得抵押、转让和出租。临时海域使用期限届满，不得批准续期，原用海单位和个人应当拆除可能造成海洋环境污染或者影响其他用海活动的用海设施和构筑物。因国防安全或者海上交通安全的需要，海洋行政主管部门可以终止其批准的临时海域使用活动；造成损失的，给予适当补偿。

3.3 海域有偿使用制度

《中华人民共和国物权法》(简称《物权法》) 第一百一十九条规定，“国家实行自然资源有偿使用制度，但法律另有规定的除外”。《海域使用管理法》第三十三条规定，“国家实行海域有偿使用制度。单位和个人使用海域，应当按照国务院的规定缴纳海域使用金”。这项规定确定了海域有偿使用制度的法律地位，即这是国家所实行的制度。

国家海洋局在《关于贯彻实施〈中华人民共和国物权法〉全面落实海域物权制度的通知》(国海管字〔2007〕208号)文件中明确，根据《物权法》和《海域使用管理法》的规定，国家是海域的所有者，而海域使用者则是成分多样的单位和个人，只有实行海域有偿使用制度，对海域使用权引入市场机制，才有利于国家海域所有权在经济上得到实现，才能实现国有海域资源性资产的保值和增值。通过实行海域有偿使用制度，也能促使海域使用权人，充分考虑投入产出比，避免盲目圈占海域，有效遏制因海域无偿使用引发的开发无度、利用无序的混乱状况，实现国有海域资源的合理配置和最佳利用。各级海洋行政主管部门要按照《财政部、国家海洋局关于加强海域使用金征收管理的通知》(财综〔2007〕10号)的规定和公布的海域使用金征收标准，确保海域使用金应收尽收，用海单位和个人不按规定足额缴纳海域使用金并提供有效缴款凭证的，海洋行政主管部门一律不予核发海域使用权证书。要按照国家海洋局发布的《海域使用管理百县示范活动实施意见》要求，加强养殖用海海域使用金的征收管理，不得随意减免。对于渔民（指以捕捞或者养殖为家庭生产经营主业、陆上无承包土地、户籍所在地为沿海渔业村的居民）使用海域从事养殖活动的，应当按照国务院的有关规定执行。在对养殖用海征收海域使用金的同时，要坚决防止以征收海域使用金为名义搭车收费等违法行为，特别是要坚决制止一些地区向养殖用海者征收渔业资源增殖保护费等违法行为，已经征收的要立即停止征收。

3.3.1　海域使用金的缴纳与收取

《海域使用管理法》第三十三条规定，“单位和个人使用海域，应当按照国务院的规定缴纳海域使用金。海域使用金应当按照国务院的规定上缴财政。对渔民使用海域从事养殖活动收取海域使用金的具体实施步骤和办法，由国务院另行规定”。第三十四条规定，“根据不同的用海性质或者情形，海域使用金可以按照规定一次缴纳或者按年度逐年缴纳”。

为贯彻落实《海域使用管理法》，适应海洋经济发展的要求，提高海域资源配置效率，就加强海域使用金征收管理等有关事宜，财政部和国家海洋局联合印发《财政部、国家海洋局关于加强海域使用金征收管理的通知》(财综〔2007〕10号)，自2007年3月1日起施行。

单位和个人使用海域，必须依法缴纳海域使用金。用海单位和个人不按规定足额缴纳海域使用金并提供有效缴款凭证的，海洋行政主管部门一律不予核发海域使用权证书。依法申请减免海域使用金，应严格按照财政部、国家海洋局联合公布的《海域使用金减免管理办法》(财综〔2006〕24号）的规定执行，规范申请减免及审批程序。任何地区、部门和单位都不得以“招商引资”等名义违规越权减免海域使用金。对渔民使用海域从事养殖活动收取海域使用金的具体实施步骤和办法，由国务院另行规定。这是对渔民使用海域从事养殖活动收取海域使用金的特别规定。

3.3.1.1 海域使用金征收方式

海域使用金统一按照用海类型、海域等别以及相应的海域使用金征收标准计算征收。其中，对填海造地、非透水构筑物、跨海桥梁和海底隧道等项目用海实行一次性计征海域使用金，对其他项目用海按照使用年限逐年计征海域使用金。使用海域不超过6个月的，按年征收标准的50%一次性计征海域使用金；超过6个月不足1年的，按年征收标准一次性计征海域使用金。经营性临时用海按年征收标准的25%一次性计征海域使用金。对于一次性计征的海域使用金，用海单位和个人一次性缴纳确有困难的，经海洋行政主管部门批准后，可以采取分期缴纳方式，但最后一次缴纳海域使用金的期限不得超过项目用海的施工期限。考虑到各地农业填海造地用海、盐业用海、养殖用海具体情况不同，上述用海海域使用金征收标准暂由沿海各省、自治区、直辖市财政部门和海洋行政主管部门制定，并报财政部、国家海洋局备案后实施。

海域使用金纳入财政预算，实行“收支两条线”管理。海洋行政主管部门征收海域使用金，应当向海域使用单位和个人发送《海域使用金缴款通知书》，《海域使用金缴款通知书》应明确用海面积、适用的征收等别、征收标准、应缴纳的海域使用金数额、缴纳海域使用金的期限、缴库方式、适用的政府收支分类科目等相关内容。

地方人民政府管理海域以外以及跨省（自治区、直辖市）管理海域的项目用海缴纳的海域使用金，由国家海洋局负责征收，就地全额缴入中央国库。养殖用海缴纳的海域使用金，由市、县海洋行政主管部门负责征收，就地全额缴入同级地方国库。除上述两类以外的其他用海项目缴纳的海域使用金，由有关海洋行政主管部门负责征收，30%缴入中央国库，70%缴入用海项目所在地的省级地方国库。

3.3.1.2　海域等别划分

国家根据海洋经济、社会经济、资源稀缺性、毗邻土地属性等因素，将沿海 223 个县（市、区）海域划分为 6 个等别，按等别确定海域使用金征收标准。海域等别划分如下：

一等：

上海：宝山区、浦东新区；

山东：青岛市（市北区、市南区、四方区）；

福建：厦门市（湖里区、思明区）；

广东：广州市（番禺区、黄浦区、萝岗区、南沙区）、深圳市（宝安区、福田区、龙岗区、南山区、盐田区）。

二等：

上海：奉贤区、金山区、南汇区；

天津：塘沽区；

辽宁：大连市（沙河口区、西岗区、中山区）；

山东：青岛市（城阳区、黄岛区、崂山区、李沧区）；

浙江：宁波市（海曙区、江北区、江东区）、温州市（龙湾区、鹿城区）；

福建：泉州市丰泽区、厦门市（海沧区、集美区）；

广东：东莞市、汕头市（潮阳区、澄海区、濠江区、金平区、龙湖区）、中山市、珠海市（斗门区、金湾区、香洲区）。

三等：

上海：崇明县；

天津：大港区；

辽宁：大连市甘井子区、营口市鲅鱼圈区；

河北：秦皇岛市（北戴河区、海港区）；

山东：即墨市、胶州市、胶南市、龙口市、蓬莱市、日照市（东港区、岚山区）、荣成市、威海市环翠区、烟台市（福山区、莱山区、芝罘区）；

浙江：宁波市（北仑区、鄞州区、镇海区）、台州市（椒江区、路桥区）、舟山市定海区；

福建：福清市、福州市马尾区、晋江市、泉州市（洛江区、泉港区）、石狮市、厦门市（同安区、翔安区）；

广东：惠东县、惠州市惠阳区、江门市新会区、茂名市茂港区、汕头市潮南区、湛江市（赤坎区、麻章区、坡头区、霞山区）；

海南：海口市（龙华区、美兰区、秀英区）、三亚市；

四等：

天津：汉沽区；

辽宁：长海县、大连市（金州区、旅顺口区）、葫芦岛市（连山区、龙港区）、绥中县、瓦房店市、兴城市、营口市（西市区、老边区）；

河北：秦皇岛市山海关区；

山东：莱州市、乳山市、文登市、烟台市牟平区；

江苏：连云港市连云区；

浙江：慈溪市、海盐县、平湖市、嵊泗县、温岭市、玉环县、余姚市、乐清市、舟山市普陀区；

福建：长乐市、惠安县、龙海市、南安市；

广东：恩平市、南澳县、汕尾市城区、台山市、阳江市江城区；

广西：北海市（海城区、银海区）。

五等：

辽宁：东港市、盖州市、普兰店市、庄河市；

河北：抚宁县、滦南县、唐海县、唐山市丰南区、乐亭县；

山东：长岛县、东营市（东营区、河口区）、海阳市、莱阳市、潍坊市寒亭区、招远市；

江苏：大丰市、东台市、海安县、海门市、启东市、如东县、通州市；

浙江：岱山县、洞头县、奉化市、临海市、宁海县、瑞安市、三门县、象山县；

福建：连江县、罗源县、平潭县、莆田市（城厢区、涵江区、荔城区、秀屿区）、漳浦县；

广东：电白县、海丰县、惠来县、揭东县、雷州市、廉江市、陆丰市、饶平县、遂溪县、吴川市、徐闻县、阳东县、阳西县；

广西：北海市铁山港区、防城港市（防城区、港口区）、钦州市钦南区；

海南：澄迈县、儋州市、琼海市、文昌市；

六等：

辽宁：大洼县、凌海市、盘山县；

河北：昌黎县、海兴县、黄骅市；

山东：昌邑市、广饶县、垦利县、利津县、寿光市、无棣县、沾化县；

江苏：滨海县、赣榆县、灌云县、射阳县、响水县；

浙江：苍南县、平阳县；

福建：东山县、福安市、福鼎市、宁德市蕉城区、霞浦县、仙游县、云霄县、诏安县；

广西：东兴市、合浦县；

海南：昌江县、东方市、临高县、陵水县、万宁市、乐东县。

3.3.1.3 用海类型

《财政部、国家海洋局关于加强海域使用金征收管理的通知》（财综〔2007〕10号）提出了按用海方式区分的用海类型，包括5大类19小类。在国家海洋局2002年发布的《海籍调查规程》中，第一次明确提出了按照行业用海将海域使用类型分为9个一级类27个二级类。不同的分类体系共存，在实践中导致了海域使用管理及相关工作出现了一定混乱。为了统一规范，国家海洋局组织专家重新编制了《海域使用分类体系》，并于2008年5月以规范性文件《关于印发〈海域使用分类体系〉和〈海籍调查规范〉的通知》（国海管字〔2008〕273号）印发执行。2009年，《海域使用分类体系》上升为国家海洋行业推荐性标准（HY/T 123—2009）。

《海域使用分类体系》规范的用海方式主要结合海域使用金征收标准的用海类型划分，因此与海域使用金征收标准的用海类型对应关系非常明显。新的用海方式体系与海域使用金征收标准的用海类型基本上一致。值得注意的是，新的分类体系“其他方式”中增加了“倾倒”一项，充分考虑到了现实管理的需要。

在确定海域使用审批权限时，要将项目的“填海造地”和“非透水构筑物”方式的用海面积合计为填海面积，达到规定的填海规模，归由相应级别的政府审批。

在海域使用金征缴和实施海洋行政处罚确定“非法占用海域应缴纳的海域使用金”工作中，应按照《海域使用分类体系》确定用海项目的用海方式和面积，根据其用海方式对应海域使用金征收标准中的用海类型，根据相应的的海域使用金征收标准，计算海域使用金金额。对一个用海项目含有多种用海方式的，应按照每种使用方式的面积，分别根据相应的海域使用金征收标准，计算海域使用金金额，最后累计该用海项目海域使用金的一次性征缴总额和分年度征缴总额。对于海域使用金征收标准中未明确列出的用海方式，可根据其用海方式，参照确定海域使用金征收标准。

3.3.1.4　海域使用金征收标准（表 3－1）

表 3－1　海域使用金征收标准　　单位：万元/公顷

用海类型	海域等别	一等	二等	三等	四等	五等	六等	征收方式
填海造地用海	建设填海造地用海	180	135	105	75	45	30	一次性征收
	农业填海造地用海	具体征收标准暂由各省（自治区、直辖市）制定						
	废弃物处置填海造地用海	195	150	120	90	60	37.50	
构筑物用海	非透水构筑物用海	150	120	90	60	45	30	
	跨海桥梁、海底隧道等用海	11.25						
	透水构筑物用海	3	2.55	2.10	1.65	1.20	0.75	按年度征收
围海用海	港池、蓄水等用海	0.75	0.60	0.45	0.30	0.21	0.15	
	盐业用海	具体征收标准暂由各省（自治区、直辖市）制定						
	围海养殖用海	具体征收标准暂由各省（自治区、直辖市）制定						
开放式用海	开放式养殖用海	具体征收标准暂由各省（自治区、直辖市）制定						
	浴场用海	0.45	0.36	0.30	0.21	0.15	0.06	
	游乐场用海	2.25	1.65	1.20	0.81	0.51	0.30	
	专用航道、锚地等用海	0.21	0.18	0.12	0.09	0.06	0.03	
其他用海	人工岛式油气开采用海	9						按年度征收
	平台式油气开采用海	4.50						
	海底电缆管道用海	0.45						
	海砂等矿产开采用海	4.50						
	取、排水口用海	0.45						
	污水达标排放用海	0.90						

3.3.2 海域使用金的免缴与减免

《海域使用管理法》第三十五条规定，“下列用海，免缴海域使用金：（一）军事用海；（二）公务船舶专用码头用海；（三）非经营性的航道、锚地等交通基础设施用海；（四）教学、科研、防灾减灾、海难搜救打捞等非经营性公益事业用海”。第三十六条规定，“下列用海，按照国务院财政部门和国务院海洋行政主管部门的规定，经有批准权的人民政府财政部门和海洋行政主管部门审查批准，可以减缴或者免缴海域使用金：（一）公用设施用海；（二）国家重大建设项目用海；（三）养殖用海”。

为规范海域使用金减免行为，财政部、国家海洋局印发了《海域使用金减免管理办法》(财综〔2006〕24 号)；为进一步明确海域使用金减免相关政策，印发了《财政部、国家海洋局关于海域使用金减免管理等有关事项的通知》(财综〔2008〕71 号)。

3.3.2.1 海域使用金减免范围

根据规定，下列项目用海，依法免缴海域使用金：（一）军事用海。军事用海范围，按照国务院、中央军委的有关规定执行。（二）用于政府行政管理目的的公务船舶专用码头用海，包括公安边防、海关、交通港航公安、海事、海监、出入境检验检疫、环境监测、渔政、渔监等公务船舶专用码头用海，不包括其他相关用海。（三）航道、避风（避难）锚地、航标、由政府还贷的跨海桥梁及海底隧道、城市道路、非收费的公路与桥梁用海等非经营性交通基础设施用海，不包括企业专用的交通基础设施用海。（四）教学、科研、防灾减灾、海难搜救打捞、渔港等非经营性公益事业用海，不包括为教学、科研、防灾救灾、海难搜救打捞、渔港等非经营性公益事业服务的各类经营性配套设施用海。渔港用海仅包括港池、引桥、堤坝、航道、渔业码头（含堆场）及附属的非经营性设施用海。

根据规定，下列项目用海，依法减免海域使用金：（一）非专用的锚地和出入海通道等公用设施用海。（二）国务院审批或核准的固定资产投资项目的项目用海，其污水达标排放用海除外。（三）遭受自然灾害或者意外事故，经核实经济损失达正常收益 60% 以上的养殖用海。

3.3.2.2　海域使用金减免权限和程序

符合依法免缴和依法减免规定情形的项目用海，申请人应当在收到《海域使用金缴款通知书》之日起 30 日内，按财综〔2006〕24 号文件规定的要求，提出减免海域使用金的书面申请，逾期提交减免海域使用金书面申请的，一律不予受理。

减免国务院、县级以上地方人民政府审批的项目用海应缴中央国库的海域使用金，由财政部和国家海洋局审查批准。

减免国务院审批的项目用海应缴地方国库的海域使用金，由项目用海所在地省、自治区、直辖市、计划单列市财政部门、海洋行政主管部门审查批准，并将审查批准文件报财政部、国家海洋局备案。减免县级以上地方人民政府审批的项目用海应缴地方国库的海域使用金，由省、自治区、直辖市人民政府财政部门和海洋行政主管部门审查批准。

减免养殖用海应缴的海域使用金，由审批项目用海的地方人民政府财政部门和同级海洋行政主管部门审查批准。

减免计划单列市人民政府审批的项目用海（不含养殖用海）海域使用金，按照下列程序办理：减免应缴中央国库的海域使用金，由计划单列市人民政府财政部门、海洋行政主管部门提出审核意见，报财政部、国家海洋局审查批准；减免应缴地方国库的海域使用金，由计划单列市人民政府财政部门、海洋行政主管部门审查批准，并将审查批准文件报省、自治区、直辖市财政部门、海洋行政主管部门以及财政部、国家海洋局备案。

非专用的锚地和出入海通道，减免海域使用金的幅度最高不得超过应缴金额的 30%。国务院审批或核准的固定资产投资项目，属于国家发展改革委《产业结构调整指导目录》鼓励类的，海域使用金减免金额最高不超过应缴金额的 20%；属于限制类或淘汰类，一律不予减免海域使用金。养殖用海海域使用金的减免幅度，由省、自治区、直辖市、计划单列市财政部门、海洋行政主管部门作出规定，并报财政部、国家海洋局备案。省、自治区、直辖市、计划单列市财政部门、海洋行政主管部门要加强对养殖用海减免政策落实情况的监督检查。

按照规定程序依法经批准减免海域使用金的用海项目，发生转让、出租海域使用权或者经批准改变海域用途或者用海性质的，海域使用权受让人或者海域使用权人应当按照《海域使用金减免管理办法》规定重新履行海域使用金减免申请和报批手续。《海域使用权管理规定》海域使用权取得时免缴或者减缴海域使用金的，补缴海域使用金后方可出租、抵押。

思考题：

1. 简述海洋功能区划的法律地位？
2. 取得海域使用权申请的审批程序与审批权限包括哪些规定？
3. 海域划分为几个等别？
4. 哪些用海方式的海域使用金征收方式是一次性征收的？
5. 法定免缴海域使用金的用海项目有哪些？可以依法减缴或免缴海域使用金的用海项目有哪些？

4　海域使用专项管理

4.1　围填海造地管理

对改变海域自然属性的围填海用海行为进行严格管理。《国务院办公厅关于沿海省、自治区、直辖市审批项目用海有关问题的通知》(国办发〔2002〕36号）在严格项目用海的审批管理中要求严格控制填海和围海项目。《国务院关于进一步加强海洋管理工作若干问题的通知》(国发〔2004〕24号）明确提出从严控制围填海，围填海是改变海域自然属性的行为，必须严格管理。

随着经济社会的快速发展，我国沿海地区工业化、城镇化进程加快，围填海成为利用海域资源、缓解土地供需矛盾、拓展发展空间的重要途径。一些地区出现了围填海规模增长过快、海岸和近岸海域资源利用粗放、局部海域生态环境破坏严重、防灾减灾能力明显降低等问题；同时，围填海长期缺乏科学规划和总体控制，对国民经济宏观调控的有效实施也造成了一定影响。为合理开发利用海域资源，整顿和规范围填海秩序，保障沿海地区经济社会的可持续发展，国家发展改革委、国家海洋局印发了《关于加强围填海规划计划管理的通知》(发改地区〔2009〕2976号)。通知要求抓紧修编海洋功能区划，科学确定围填海规模，对于涉及围填海的海洋功能区，要明确开发规模、开发布局、开发时序，并提出严格的管制措施；建立区域用海规划制度，加强对集中连片围填海的管理；实施围填海年度计划管理，严格规范计划指标的使用；依托规划计划制度，切实加强围填海项目审查；切实加强围填海规划计划执行情况的监督检查，确保海域资源的可持续利用。为进一步强化围填海计划管理，提高围填海计划管理的科学性、规范性，国家发展改革委、国家海洋局制定了《围填海计划管理办法》(发改地区〔2011〕2929号)。

为统筹海陆资源利用，有序开发海洋资源，加强对围填海造地的管理，国土资源部、国家海洋局联合印发了《关于加强围填海造地管理有关问题的通知》(国土资发〔2010〕219号)。通知要求要充分发挥规划、区划对围填海造地的引导和管制作用，强化围填海造地计划管理，严格围填海造地项目审查，规范围填海造地的供地方式，做好围填海造地形成土地的调查登记，加强对围填海造地的监督检查。对用于非农业建设的，应严格控制建设用海和用地总规模，防止无序开发、过度利用。各级海洋主管部门应根据《海域使用管理法》和《国务院办公厅关于沿海省、自治区、直辖市审批项目用海有关问题的通知》(国办发〔2002〕36号）的规定严格依照法定权限审批围填海项目，严禁将单个建设项目的用海化整为零、拆分审批，严格控制围填海活动，坚决杜绝没有实际需求就进行围填海的行为。围填海造地用于建设的，分为按区域成片开发建设和单个项目建设两种方式。对区域成片开发建设的，由同级政府作为实施主体，编制区域用海规划，具体项目依法履行围填海审批手续后组织实施，形成的土地按具体项目依法履行土地供应手续。对单个项目建设的，属于公益性项目、符合划拨用地目录的，围填海造地竣工验收后，按划拨土地办理相关土地手续；属于非公益性且依法可协议出让土地的项目，签订协议出让合同并补交土地出让金与海域使用金的差价后，申请办理土地相关手续；属于经营性的项目，由国土资源部和国家海洋局另行制订规定。

《全国海洋功能区划（2011—2020年)》明确提出：合理控制围填海规模，严格实施围填海年度计划制度，遏制围填海增长过快的趋势。创新和加强围填海管理：科学编制全国围填海计划；严格执行围填海计划；加强对集中连片围填海的管理；严格依照法定权限审批围填海项目；加强对围填海项目选址、平面设计的审查。国务院批复强调，海洋功能区划是合理开发利用海洋资源、有效保护海洋生态环境的法定依据，必须严格执行。通过实施《区划》，到 2020 年，围填海等改变海域自然属性的用海活动得到合理控制。

4.1.1　区域用海管理

对于连片开发、需要整体围填用于建设或农业开发的海域，省级海洋行政主管部门指导市、县级人民政府组织编制区域用海规划。编制区域用海规划，应当严格依据全国和省级海洋功能区划，客观分析涉及海域的自然条件及面临的形势，明确说明区域用海整体围填的必要性、可行性，提出区域发展的功能定位、空间布局方案和规划期限内年度围填海计划规模，并对规划实施可能产生的环境影响进行全面分析、预测和评估。区域用海规划分为区域建设用海规划和区域农业围垦用海规划。其中，区域建设用海规划还应当依据国家有关技术规范及国家海洋局关于围填海工程平面设计的要求，合理确定功能分区。

区域用海规划编制完成后，市、县级人民政府要将规划成果上报省级海洋行政主管部门。省级海洋行政主管部门按规定对区域用海规划予以审查，特别要对规划期内年度围填海规模能否落实提出明确意见。对符合要求并具备年度计划指标安排条件的区域用海规划，经省级人民政府审核同意后，由省级海洋行政主管部门报国家海洋局审批。区域用海规划在批准前，市、县级人民政府应当委托海域使用论证资质单位开展区域海域使用论证，对区域用海选址、方式、面积、期限的合理性及其对环境的影响进行科学评价。经批准的区域用海规划，由市、县级人民政府统一组织实施，规划区内单个用海项目仍应按照规定的程序和审批权限办理用海手续。

为了进一步加强区域用海管理，提高区域用海规划编制质量，国家海洋局于 2011 年 2 月 26 日发布了《关于印发〈区域用海规划编制技术要求〉的通知》(国海管字〔2011〕105 号)。《区域用海规划编制技术要求》

明确，区域用海规划材料应当包括规划文本、图件及编制说明，文本和图件为报批材料，编制说明为报批材料的辅助说明，是审查规划的重要依据。制定了规划文本编制大纲及技术要求、图件编制技术要求、编制说明编制大纲及技术要求。

4.1.1.1 区域建设用海管理

2006 年 4 月 20 日国家海洋局发布了《关于加强区域建设用海管理工作的若干意见》(国海发〔2006〕14 号)，针对个别地区在建设用海项目尚不明确和没有经过充分论证的情况下，盲目圈占海域，造成海洋环境的严重破坏，也造成了海域资源的极大浪费的情况，提出以下意见：

（1）加强区域建设用海整体管理。区域建设用海是指在同一围填海形成的区域内建设多个建设项目的用海方式。用海面积一般不少于 50 公顷。对区域建设用海进行整体管理就是在继续强化对单个项目管理的基础上，对区域建设用海实行总体规划管理，其目的就是要对区域内的建设项目进行整体规划和合理布局，确保科学开发和有效利用海域资源。同时也有利于解决单个项目用海论证可行而区域整体论证不可行的问题。

（2）编制区域建设用海总体规划。当地政府要在充分考虑自然环境、资源条件和海域特点的前提下，根据用海的实际需要，编制区域建设用海总体规划。总体规划主要内容如下：

①区域建设用海总体规划报告书。报告书中要对下列问题进行说明：区域建设用海的用途及必要性；区域内的功能分区及建设项目的确定情况；围填海所用的材料及来源；对周边海域的环境和生态可能造成影响的预测等。

②区域建设用海总体规划图。总体规划图中应包括：区域建设用海的位置及面积；区域内拟建设各项目的布局及用海面积；公共设施建设的规划及用海面积等。

总体规划必须符合海洋功能区划，并与城市总体规划、土地利用规划等相衔接。

（3）严格区域建设用海总体规划的审查。区域建设用海总体规划经省级海洋部门审查同意后，报国家海洋局。经国家海洋局审查同意后，书面通知区域建设用海申请单位进行区域海域使用论证，并提交海域使用论证报告书。国家海洋局对区域建设用海总体规划、区域海域使用论证报告书及专家评审意见进行审查，审查同意的，下达建设用海总体规划同意书。

（4）做好区域建设用海总体规划的论证。要对区域建设用海总体规划进行海域使用论证。海域使用论证的承担单位必须具备甲级海域使用论证资质。论证单位要严格按照国家有关的技术标准和规范，着重对选址、规模是否科学合理，生态、环境是否产生影响进行分析、预测和评估，并提出预防或减轻影响的对策和措施，为决策提供依据。

（5）规范区域内建设项目用海的申请审批。经国家海洋局审查同意的区域建设用海总体规划，是区域内单个建设项目用海申请审批的重要依据。区域内的建设项目用海，必须符合区域总体规划的要求。

区域内具体建设项目用海，必须按照《海域使用权管理规定》逐个进行申请审批。在区域内建设的每个用海项目，用海单位或个人都要单独办理海域使用权证书。区域建设用海不得整体办理海域使用权证书。

区域内的非经营性公共设施（绿地、道路等）建设用海，凡纳入区域建设用海总体规划的，由海洋部门进行登记。

（6）实施区域建设用海动态监测管理。区域建设用海总体规划实施后，国家海洋局对工程建设进行动态监测和跟踪管理，如发现在总体规划实施过程中，因累积效应对环境和生态产生明显不良影响的，应尽快查清原因，采取改进措施，必要时要及时修改和完善区域建设用海总体规划。

4.1.1.2　区域农业围垦用海管理

根据国家发展改革委和国家海洋局联合印发的《关于加强围填海规划计划管理的通知》和《围填海计划管理办法》、国土资源部和国家海洋局联合印发的《关于加强围填海造地管理有关问题的通知》有关要求，国家海洋局于 2012 年 2 月 27 日印发了《关于加强区域农业围垦用海管理的若干意见》（国海发〔2012〕9 号）文件，就区域农业围垦用海管理工作提出以下意见：

（1）充分认识区域农业围垦用海管理的重要性

淤涨型滩涂是我国重要的海域资源，通过科学合理的围垦，可用于发展种植业、林业、畜牧业和水产养殖业等。但受土壤含盐量较高，次生盐碱化较重等不利因素制约，淤涨型滩涂闲置荒芜现象较为普遍，同时也存在着开发粗放、盲目圈占、抗灾能力较弱等问题。对适宜用于农业开发的淤涨型滩涂，实行统一规划，合理布局，通过土壤改良、完善水利设施等措施，有效提高海域滩涂资源的开发利用效率，提高抵御风暴潮、台风等自然灾害的能力。为合理开发和保护淤涨型滩涂资源，在淤涨型高涂围垦养殖用海管理试点工作的基础上，有必要进一步完善区域农业围垦用海管理措施，即对沿海淤涨型滩涂区域的农业围垦用海活动实行整体规划管理制度。

区域农业围垦用海是指对淤涨型滩涂区域进行连片开发、整体围填，用于种植业、林业、畜牧业和水产养殖业生产的用海方式。对区域农业围垦用海进行整体管理是在继续强化对单个农业围垦用海项目管理的基础上，对连片开发的种植业、林业、畜牧业和水产养殖业围垦用海实行整体规划、整体论证、整体审批和整体实施。

（2）建立完善科学的区域农业围垦用海管理制度

①科学编制区域农业围垦用海规划

区域农业围垦用海规划要在省级海洋部门指导下，由市、县级人民政府组织编制。区域农业围垦用海规划，应当严格依据全国和省级海洋功能区划，并与土地利用总体规划相衔接，在充分考虑淤涨型滩涂自然环境和资源条件的前提下，根据用海的实际需要进行编制。

规划材料应当包括规划文本、图件及编制说明。规划文本内容主要包括区域农业围垦用海整体围填的必要性和可行性、用海范围、规划期限、规划用途、布局方案、实施计划、与海洋功能区划和相关规划的协调性、规划实施的保障措施等内容。编制说明主要包括规划编制背景、编制思路及原则、规划用海需求分析及可行性分析、规划方案的比选和优化原则、优化过程、推荐方案、施工方案、物料来源及其他问题说明等内容。

②严格区域农业围垦用海规划的审查

区域农业围垦用海规划（送审稿），应当由市、县级人民政府组织公示，必要时组织听证，无异议的，由市、县级海洋部门逐级上报国家海洋局审查。

国家海洋局对规划进行初步审查，符合政策规定的，书面通知省级海洋部门，由规划单位委托有论证资质的单位开展海域使用论证。海域使用论证报告要由国家海洋局组织专家进行评审。评审通过的，由省级海洋部门将规划（报批稿）报经省政府同意后，上报国家海洋局审批。

③做好区域农业围垦用海规划的论证

区域农业围垦用海规划由市、县级人民政府委托具有甲级海域使用论证资质的单位开展论证。区域农业围垦用海必须实施整体论证，论证单位要严格按照国家有关的技术标准和规范，着重对区域农业围垦用海的必要性，选址、规模和开发时序的合理性，水动力、生态环境的可行性进行科学论证，并提出预防或减轻有关影响以及风险防范的对策和措施。区域农业围垦用海规划论证报告书经专家评审通过后，作为审批区域农业围垦用海规划的重要依据。

④做好区域农业围垦用海规划的实施

区域农业围垦用海规划经国家海洋局批准后，由市、县级人民政府按照规划要求，统一组织整体实施。按照“谁编制、谁负责”的原则，市、县级人民政府负责规划范围内利益相关者的协调和处理工作，协调未达成一致意见或补偿安置未落实的，不得开工。

规划期限一般为 5 年，规划期满后，规划批准文件自动失效，不再作为规划范围内项目用海的审批依据。自规划批准之日起 2 年内未实施的，规划批准文件自动失效。

凡涉及用海位置变动、用海面积变化等原则性修改的，必须报原批准机关批准同意。在规划实施过程中，如因累积效应对环境和生态产生明显不良影响的，应立即停工，尽快查清原因，采取改进措施。

（3）规范规划范围内用海项目的管理

①规范规划范围内单宗项目用海的申请审批

区域农业围垦用海规划范围内的单宗用海项目，应按项目用海的相关规定进行确权及管理。区域农业围垦用海规划论证报告和评审结论可作为规划范围内单宗用海项目申请审批的依据。单宗用海项目不再进行海域使用论证。

按照《国务院办公厅关于沿海省、自治区、直辖市审批项目用海有关问题的通知》(国办发［2002］36 号）规定，单宗项目用海中，种植业、林业和畜牧业项目用海 50 公顷以上的，报国务院审批；50 公顷以下的，由省级人民政府审批，海域使用金按照农业用填海造地一次性征收。围海养殖项目用海，100 公顷以上的，报国务院审批，100 公顷以下的，按照地方各级人民政府的审批权限审批，海域使用金按照围海养殖用海标准和方式征收。

用于种植业、林业和畜牧业的项目用海，海域使用权最高年限为 30 年；用于水产养殖的项目用海，海域使用权最高年限为 15 年。

②加强农业围垦用海计划管理

区域农业围垦用海规划范围内用于种植业、林业和畜牧业的单宗项目用海，应纳入农业用围填海计划管理。规划范围内用于水产养殖的围海用海不纳入农业用围填海计划管理。区域农业围垦用海规划或规划范围内的单宗项目用海，如改变用途，调整为区域建设用海规划或单宗建设项目用海的，应按规定先收回原海域使用权，再重新办理区域建设用海规划或建设项目用海申请审批手续，纳入本地区建设用围填海计划管理。养殖用海改变用途调整为种植业、林业和畜牧业用海的，也应按规定先收回原海域使用权，再重新办理种植业、林业和畜牧业用海申请审批手续，纳入本地区农业用围填海计划管理。

4.1.2　围填海造地项目行政检查

国家发展和改革委员会、国家海洋局《关于加强围填海规划计划管理的通知》(发改地区〔2009〕2976 号)，国土资源部、国家海洋局《关于加强围填海造地管理有关问题的通知》(国土资发〔2010〕219 号）要求各级海洋行政主管部门及其所属的海监队伍要加强对围填海项目的监督检查，及时发现和处置非法围填海行为，对于未经批准或擅自改变用途和范围等违法违规围填海行为要严肃查处，依法强制收回非法占用的海域，对生态环境造成严重破坏的责令恢复原状，不得以罚款取代。对拒不执行处罚决定的，要申请人民法院强制执行。要加强对已处罚围填海的后续监管，有效防止项目单位继续违法行为。

2012 年 6 月 8 日，中国海监总队印发了《关于全面加强围填海造地执法检查工作有关问题的通知》(海监字〔2012〕24 号)。通知要求，对围填海项目重点针对下列内容开展检查：（一）区域用海规划是否经国家海洋局批准，规划实施是否符合相关要求。（二）区域建设用海规划内的单宗建设项目在施工前，是否取得了海域使用权证书。区域建设用海规划内的公益性用海，是否报省级海洋行政主管部门登记备案。（三）区域农业围垦用海规划的用海活动是否取得了海域使用权证书。高涂养殖 100 公顷以下的项目用海，是否取得有审批权限机关颁发的海域使用权证书；100 公顷以上的，是否取得国家海洋局颁发的海域使用权证书。区域农业围垦用海规划内的种植业、林业、畜牧业 50 公顷以下的项目用海，是否取得有审批权的政府或部门颁发的海域使用权证书；50 公顷以上的，是否取得国家海洋局颁发的海域使用权证书。（四）单宗建设项目围填海造地 50 公顷以下的，是否取得省级人民政府或有审批权的机关颁发的海域使用权证书；50 公顷以上的，是否取得国家海洋局颁发的海域使用权证书。由国务院有关部门审批、核准或备案的单宗建设项目围填海的，是否取得国家海洋局颁发的海域使用权证书。渤海海岸线向海一侧 12 海里以外海域的单宗项目用海，是否取得国家海洋局颁发的海域使用权证书。（五）围填海造地活动是否按照施工要求和平面设计方案进行施工。（六）围填海造地活动是否超批准的面积，是否按照批准的界址点进行围填。（七）围填海造地活动及相关项目用海是否擅自改变经批准的海域用途。（八）围填海造地项目竣工后，是否经有关部门验收，验收不合格的项目是否按要求整改。（九）已依法处罚的围填海项目是否存在继续违法行为。

4.2 自然保护区海域使用管理

为了加强对自然保护区的用海管理，促进海洋经济的可持续发展，《国务院关于国土资源部〈报国务院批准的项目用海审批办法〉的批复》（国函〔2003〕44号）进一步明确，海洋类国家级自然保护区内的项目用海，应依法履行向国务院报批手续。

国家海洋局印发了《关于进一步加强自然保护区海域使用管理工作的意见》（国海函〔2006〕3号），对自然保护区内不同区域的海域使用活动的管理的要求是：

自然保护区的核心区，禁止任何形式的开发利用活动用海。核心区用海，属非经营性公益事业用海，海域使用权由自然保护区管理机构申请取得，并可依法申请免缴海域使用金。自然保护区的缓冲区，经批准允许开展科学研究、教学实习、标本采集等活动，其活动用海的海域使用权，由进行该项活动的单位或个人申请取得，并可依法申请免缴或减缴海域使用金。自然保护区的实验区，经批准允许参观和旅游等适度开发活动，其活动用海的海域使用权，由进行该项活动的单位或个人申请取得，并依法缴纳海域使用金。

《海域使用权管理规定》（国海发〔2006〕27号）对自然保护区内海域使用的申请审批程序进行了调整，规定国家级保护区内的开发项目及核心区用海海域使用申请由国家海洋局受理，国家级保护区内开发项目海域使用申请需提交保护区管理部门的许可文件。

为切实加强国家级海洋自然保护区的管理，依法履行各项管理职责，国家海洋局印发了《关于在国家级海洋自然保护区设立中国海监机构的若干意见》(国海办字〔2005〕148 号)，在有条件的国家级海洋自然保护区成立海监支队，实行同保护区管理机构合并设置的体制。

4.3　河口海域管理

2005 年 7 月，全国人大环境与资源保护委员会组成 3 个检查调研组，对广东、浙江和山东三省贯彻实施《中华人民共和国海域使用管理法》的有关情况进行了检查。8 月，全国人大环境与资源保护委员会向全国人大常委会提交了《全国人大环资委关于〈中华人民共和国海域使用管理法〉实施情况的检查调研报告》(以下简称《报告》)。

针对河口海域管理中存在的问题，《报告》指出："对河口海域的问题，从地理范围来看，水利行政主管部门防洪管理范围和海洋行政主管部门海域权属管理在河口海域的管理范围确实有交叉重叠。但管理上的地理范围交叉重叠，并不意味着法律制度的冲突和职能的对立。在法律关系上，水利行政主管部门代表国家行使水行业行政管理，海洋行政主管部门和财政部门代表国家行使海域国有资源权属管理和资产收益（海域使用金）征收，两者职能各有分工，不能互相取代，互相排斥。水利行政主管部门和海洋行政主管部门应协调好相关工作，在今后制定或者修改有关条例和行政规章中进一步加以明确，进行必要的衔接，从而在管理的地理范围有交叉的河口海域，形成各自依法履行职责、共同监督管理的机制。"

以上建议阐明了海洋行政主管部门和水利行政主管部门在河口海域的管理职能及相互关系，并得到全国人大常委会和国务院领导的充分肯定。为了认真贯彻执行全国人大环境与资源保护委员会对河口海域管理的意见，国家海洋局发出《关于落实全国人大环资委对河口海域管理建议的函》(国海管字〔2005〕547号)，向广东省、浙江省、上海市人民政府提出以下建议：

(1) 广东省、浙江省、上海市人民政府要尽快在珠江口、钱塘江口和长江口各划定一个特殊海域－河口海域。河口海域就是海域管理和防洪管理在地理范围上的交叉重叠区域。对河口海域，海洋部门和水利部门应依据法律和各自的职能，共同监督管理。

(2) 广东省、浙江省、上海市人民政府的海洋行政主管部门和水利行政主管部门，应当对涉及共同监督管理的用海项目，建立监督管理的协调机制，即海洋行政主管部门和水利行政主管部门的监督管理行为，要做到科学而有效的衔接。两个部门应当在充分协商的基础上，对如何进行科学而有效的衔接作出明确的制度安排。

4.4 海上风电项目海域使用管理

2010年1月22日，为规范海上风电项目开发建设管理，促进海上风电有序开发、规范建设和持续发展，国家能源局和国家海洋局以国能新能〔2010〕29号文联合印发了《海上风电开发建设管理暂行办法》。2011年7月6日以国能新能〔2011〕210号文联合印发了《海上风电开发建设管理暂行办法实施细则》，进一步完善海上风电建设管理程序。

国家海洋行政主管部门负责海上风电开发建设海域使用和环境保护的管理和监督。国家海洋行政主管部门组织沿海各省（区、市）海洋主管部门，根据全国和沿海各省（区、市）海洋功能区划、海洋经济发展规划，做好海上风电发展规划用海初审和环境影响评价初步审查工作。

项目可行性研究阶段，项目单位向国家海洋主管部门提出海域使用申请，国家海洋主管部门按照《海上风电开发建设管理暂行办法》等有关规定进行受理、审查和审核，并出具用海预审意见。

海上风电项目必须经过核准并取得海域使用权后，方可开工建设。项目核准后两年内未开工建设的，国家能源主管部门收回项目开发权，国家海洋行政主管部门收回海域使用权。

4.5　海砂开采海域使用管理

根据《关于在全国范围内实施市场化配置方式出让海砂开采海域使用权的通告》(2012年12月17日发布)，国家海洋局自2013年1月1日起，在全国范围内实施以拍卖挂牌等市场化配置方式出让海砂开采海城使用权。通告发布即日起，国家海洋局不再受理海砂开采海域使用申请。2012年12月28日，《国家海洋局关于全面实施以市场化方式出让海砂开采海域使用权的通知》(国海管字〔2012〕895号）印发，就全面实施以市场化方式出让海砂开采海域使用权有关事项进行了明确。

近年来，随着我国沿海经济的快速发展，海洋工程建设项目增多，海砂作为填海造地工程的主要填料，市场需求较大，海砂使用价值越来越高，海砂资源的开采利用促进了沿海地区经济社会的发展。但是，随着开采数量和从业人员的迅速增加，局部海域海砂开采用海活动密集，行业竞争日趋激烈，传统的申请审批管理模式已不适应行政审批制度改革的要求。为进一步公平、公开、公正配置海域资源，深化行政审批制度改革，规范海砂开采用海秩序，依据《海域使用管理法》及有关法律法规规定，国家海洋局决定自2013年1月1日起，在全国范围内实施以拍卖挂牌等市场化方式出让海砂开采海域使用权。

以市场化方式出让海砂开采海域使用权，是海砂开采用海管理工作的现实需要，是防止海域使用审批中的不正之风和腐败行为的有效措施，是保障依法行政的必然选择。各级海洋行政主管部门要充分认识推行海域使用权市场化配置工作的重要性，进一步提高海砂开采海域使用管理工作的科学性和规范性，鼓励和引导深水远海海砂资源开采，严厉打击违法开采海砂用海行为，维护海砂开采海域使用秩序，促进当地海洋经济的可持续发展。

海砂开采海域使用权由沿海省（区、市）海洋行政主管部门以拍卖挂牌等市场化方式出让。沿海省（区、市）海洋行政主管部门按规定组织编制拟出让海域拍卖挂牌方案，经国家海洋局审查同意，报省人民政府批准后，严格按照《海域使用管理法》、《拍卖法》及国家有关法律法规要求组织实施，并负责办理海域使用权登记发证手续。

海砂开采海域使用权一次性出让，年限最长不超过 3 年。

拍卖挂牌底价由沿海省（区、市）海洋行政主管部门按规定委托评估机构进行评估，并根据评估结果和国家产业政策等综合因素确定，不得低于按海域使用金征收标准确定的海域使用金、海域使用论证和环境评估费、海域测量费和海域评估费等组织拍卖挂牌工作所需的费用的总和。出让海砂开采海域使用权所得的收入，依规扣除海域使用论证和环境评估费、海域测量费和海域评估费等组织拍卖挂牌工作所需的费用后，按规定缴纳入库。

省（区、市）管理海域以外拟出让海域的市场化配置工作，按照离岸距离由最近的省（区、市）海洋行政主管部门负责组织实施。

沿海省（区、市）海洋行政主管部门应认真做好市场化配置海域使用权的前期各项准备工作，在编制出让海域拍卖挂牌方案前，应当对拟出让海域加强选址合理性分析，开展实地测量，组织开展海域使用论证和海洋环境影响评价工作，科学选划海砂开采用海区域。在海洋自然保护区、军事用海区、海底电缆管道保护区、航道锚地、船舶定线制海区和重要的海洋生物产卵场、索饵场、越冬场及栖息地等区域禁止实施海砂开采用海活动。在可能危及跨海桥梁、海底隧道、海堤、海底电缆管道、海上油气开采等涉海工程安全的海域，以及可能对海岸线、海岸防护林带造成侵蚀危害的海域，严格限制海砂开采用海活动。鼓励和引导发展深海海砂开采技术，促进海砂开采向深远海区域发展。

国家海洋局各分局、中国海监总队及海区海监机构要对海区省份海砂开采用海市场化配置工作及用海活动加强指导、协调和监督。

沿海省（区、市）海洋行政主管部门及其海监机构应加强对海砂开采用海行为的监督管理。对海砂开采用海集中区和限制开采区的海砂开采实施海域使用和环境影响动态监测，及时发现问题并采取有效防控措施。要采取有效的监管方式，通过常规检查、定期巡查、专项执法和海砂开采用海重点监控区检查等，切实加大执法力度，依据《海域使用管理法》、《海洋环境保护法》及配套法规，及时依法查处和严厉打击各类非法采砂用海行为，维护良好的海砂开采用海秩序。

为做好政策衔接，对于 2012 年 12 月 17 日通告发布前国家海洋局已经受理审查的海砂开采用海项目按以下原则办理：

（1）在通告发布前国家海洋局已同意开展海域使用论证工作的海砂开采海域使用申请项目，仍按申请审批程序办理，经审查同意的，一次性出让海域使用权 2 年，到期后不再续期。

按申请审批程序办理的，海域使用申请人应当在 2013 年 3 月底前向国家海洋局提交海洋环境影响评价报告（报批稿）和评审通过的海域使用论证报告，未按规定时间提交报告的，退回海域使用和环境评估申请，不再办理用海和环境评估核准手续。

国家海洋局将于 2013 年 6 月底停止办理海砂开采海域使用权审批和环境评估核准工作。

（2）在通告发布前已经取得海域使用权的，符合续期条件的，可以续期 1 年，到期后不再续期。申请续期的，海域使用权人应当至迟于期限届满前 2 个月向国家海洋局提出续期申请，逾期不予受理。

广东省续期用海项目按试点意见办理，其中符合广东省人民政府设定的续期条件的，自本通知发布之日起 1 个月内提出续期申请，逾期不予受理。

国家海洋局将于 2013 年 12 月底停止办理海砂开采海域使用续期审批工作。

4.6　涉海涉岛项目管理

《中华人民共和国海岛保护法》第二十三条规定，“有居民海岛的开发、建设应当遵守有关城乡规划、环境保护、土地管理、海域使用管理、水资源和森林保护等法律、法规的规定，保护海岛及其周边海域生态系统”。第二十六条规定，“严格限制在有居民海岛沙滩建造建筑物或者设施；确需建造的，应当依照有关城乡规划、土地管理、环境保护等法律、法规的规定执行。未经依法批准在有居民海岛沙滩建造的建筑物或者设施，对海岛及其周边海域生态系统造成严重破坏的，应当依法拆除。严格限制在有居民海岛沙滩采挖海砂；确需采挖的，应当依照有关海域使用管理、矿产资源的法律、法规的规定执行”。

第二十七条规定，“严格限制填海、围海等改变有居民海岛海岸线的行为，严格限制填海连岛工程建设；确需填海、围海改变海岛海岸线，或者填海连岛的，项目申请人应当提交项目论证报告、经批准的环境影响评价报告等申请文件，依照《中华人民共和国海域使用管理法》的规定报经批准。本法实施前在有居民海岛建设的填海连岛工程，对海岛及其周边海域生态系统造成严重破坏的，由海岛所在省、自治区、直辖市人民政府海洋主管部门会同本级人民政府有关部门制定生态修复方案，报本级人民政府批准后组织实施”。

第四十五条规定，“违反本法规定，改变自然保护区内海岛的海岸线，填海、围海改变海岛海岸线，或者进行填海连岛的，依照《中华人民共和国海域使用管理法》的规定处罚”。

思考题：

1. 熟悉围填海管理有关法律法规和规范性文件。
2. 简述自然保护区内不同区域的海域使用活动管理政策的区别？
3. 试述涉海涉岛项目管理的法律适用。

5 海域使用分类与宗海界址界定方法

为了加强海域使用管理，进一步完善海籍管理制度，国家海洋局编制了《海域使用分类体系》，修订了《海籍调查规范》，并于2008年5月以规范性文件《关于印发〈海域使用分类体系〉和〈海籍调查规范〉的通知》(国海管字〔2008〕273号）印发执行。2009年,《海域使用分类体系》、《海籍调查规范》上升为国家海洋行业推荐性标准（HY/T 123—2009、HY/T 124—2009)。《海域使用分类体系》对海域使用类型与用海方式进行了明确的界定,《海籍调查规范》对各方式用海范围和各类型宗海界址明确了界定方法。

《海域使用分类体系》适用于海域使用权取得、登记、发证、海域使用金征缴、海域使用执法监察以及海籍调查、统计分析、海域使用论证、海域评估、海域管理信息系统建设等工作对海域使用类型和用海方式的界定。

5.1 有关术语定义

《海域使用分类体系》、《海籍调查规范》对下列术语进行了定义：

海域使用：指持续使用特定海域3个月以上的排他性用海活动。

海域使用分类：指按照一定的原则，划分海域使用类型并界定其用海方式。

用海方式：指根据海域使用特征及对海域自然属性的影响程度划分的海域使用方式。

有效岸线：指通过填海造地活动形成的能被认定为海岸线的海陆分

界线。

填海造地：指筑堤围割海域填成土地，并形成有效岸线的用海方式。

非透水构筑物用海：指采用非透水方式构筑不形成围填海事实或有效岸线的码头、突堤、引堤、防波堤、路基等构筑物的用海方式。

透水构筑物用海：指采用透水方式构筑码头、海面栈桥、高脚屋、人工鱼礁等构筑物的用海方式。

围海：指通过筑堤或其他手段，以全部或部分闭合形式围割海域进行海洋开发活动的用海方式。

开放式用海：指不进行填海造地、围海或设置构筑物，直接利用海域进行开发活动的用海方式。

海籍：指记载各项目用海的位置、界址、权属、面积、类型、用途、用海方式、使用期限、海域等级、海域使用金征收标准等基本情况的簿册和图件。

宗海：指被权属界址线所封闭的同类型用海单元。

宗海内部单元：指宗海内部按用海方式划分的海域。

界址点：指用于界定宗海及其内部单元范围和界线的拐点。

界址线：指由界址点连接而成的线。

标志点：指具有明显标志并可通过对其坐标的测量推算界址点坐标的点。

标志线：指由标志点连接而成的线。

5.2 海域使用分类

《海域使用分类体系》采用两级分类体系，将海域使用类型分为 9 个一级类和 30 个二级类；用海方式分为 5 种一级方式和 20 种二级方式。

5.2.1 渔业用海

渔业用海指为开发利用渔业资源、开展海洋渔业生产所使用的海域。

5.2.1.1　渔业基础设施用海

渔业基础设施用海指用于渔船停靠、进行装卸作业和避风，以及用以繁殖重要苗种的海域，包括渔业码头、引桥、堤坝、渔港港池（含开敞式码头前沿船舶靠泊和回旋水域）、渔港航道、附属的仓储地、重要苗种繁殖场所及陆上海水养殖场延伸入海的取排水口等所使用的海域。其中：

（1）填成土地后用于建设顺岸渔业码头、渔港仓储设施和重要苗种繁殖场所等的海域，用海方式为建设填海造地。

（2）采用非透水方式构筑的不形成围填海事实或有效岸线的渔业码头、堤坝等所使用的海域，用海方式为非透水构筑物。

（3）采用透水方式构筑的渔业码头、引桥等所使用的海域，用海方式为透水构筑物。

（4）陆上海水养殖场延伸入海的取排水口等所使用的海域，用海方式为取、排水口。

（5）有防浪设施圈围的渔港港池、开敞式渔业码头的港池（船舶靠泊和回旋水域）等所使用的海域，用海方式为港池、蓄水等。

（6）渔港航道等所使用的海域，用海方式为专用航道、锚地及其他开放式。

5.2.1.2　围海养殖用海

围海养殖用海指筑堤围割海域进行封闭或半封闭式养殖生产的海域。用海方式为围海养殖。

5.2.1.3　开放式养殖用海

开放式养殖用海指无须筑堤围割海域，在开敞条件下进行养殖生产所使用的海域，包括筏式养殖、网箱养殖及无人工设施的人工投苗或自然增殖生产等所使用的海域。用海方式为开放式养殖。

5.2.1.4　人工鱼礁用海

人工鱼礁用海指通过构筑人工鱼礁进行增养殖生产的海域。用海方式为透水构筑物。

5.2.2 工业用海

工业用海指开展工业生产所使用的海域。

5.2.2.1 盐业用海

盐业用海指用于盐业生产的海域，包括盐田、盐田取排水口、蓄水池、盐业码头、引桥及港池（船舶靠泊和回旋水域）等所使用的海域。其中：

（1）采用非透水方式构筑的不形成围填海事实或有效岸线的盐业码头等所使用的海域，用海方式为非透水构筑物。

（2）采用透水方式构筑的盐业码头、引桥等所使用的海域，用海方式为透水构筑物。

（3）盐业生产用取排水口所使用的海域，用海方式为取、排水口。

（4）盐田、盐业生产用蓄水池等所使用的海域，用海方式为盐业。

（5）盐业码头的港池（船舶靠泊和回旋水域）所使用的海域，用海方式为港池、蓄水等。

5.2.2.2 固体矿产开采用海

固体矿产开采用海指开采海砂及其他固体矿产资源所使用的海域，包括海上以及通过陆地挖至海底进行固体矿产开采所使用的海域。用海方式为海砂等矿产开采。

5.2.2.3 油气开采用海

油气开采用海指开采油气资源所使用的海域，包括石油平台、油气开采用栈桥、浮式储油装置、输油管道、油气开采用人工岛及其连陆或连岛道路等所使用的海域。其中：

（1）石油平台及浮式生产储油装置（含立管和系泊系统）等所使用的海域，用海方式为平台式油气开采。

（2）油气开采用栈桥所使用的海域，用海方式为透水构筑物。

（3）输油管道所使用的海域，用海方式为海底电缆管道。

（4）油气开采用人工岛所使用的海域，用海方式为人工岛式油气开采。

（5）油气开采用人工岛的连陆或连岛道路（含涵洞式）等所使用的海域，用海方式为非透水构筑物。

5.2.2.4　船舶工业用海

船舶工业用海指船舶（含渔船）制造、修理、拆解等所使用的海域，包括船厂的厂区、码头、引桥、平台、船坞、滑道、堤坝、港池（含开敞式码头前沿船舶靠泊和回旋水域，船坞、滑道等的前沿水域）及其他设施等所使用的海域。其中：

（1）填成土地后用于建设船舶工业厂区等的海域，用海方式为建设填海造地。

（2）采用非透水方式构筑的不形成围填海事实或有效岸线的船厂码头、堤坝等所使用的海域，用海方式为非透水构筑物。

（3）采用透水方式构筑的船厂码头、引桥、平台、船坞及滑道等所使用的海域，用海方式为透水构筑物。

（4）有防浪设施圈围的船厂港池、开敞式船厂码头的港池（船舶靠泊和回旋水域），船坞、滑道等的前沿水域等所使用的海域，用海方式为港池、蓄水等。

5.2.2.5　电力工业用海

电力工业用海指电力生产所使用的海域，包括电厂、核电站、风电场、潮汐及波浪发电站等的厂区、码头、引桥、平台、港池（含开敞式码头前沿船舶靠泊和回旋水域）、堤坝、风机座墩和塔架、水下发电设施、取排水口、蓄水池、沉淀池及温排水区等所使用的海域。其中：

（1）填成土地后用于建设电力工业厂区等的海域，用海方式为建设填海造地。

（2）采用非透水方式构筑的不形成围填海事实或有效岸线的电厂（站）专用码头、堤坝等所使用的海域，用海方式为非透水构筑物。

（3）采用透水方式构筑的电厂（站）专用码头、引桥、平台、风机座墩和塔架、水下发电设施及潜堤等所使用的海域，用海方式为透水构筑物。

（4）电厂（站）取排水口所使用的海域，用海方式为取、排水口。

（5）蓄水池、沉淀池、有防浪设施圈围的电厂（站）港池、开敞式电厂（站）专用码头的港池（船舶靠泊和回旋水域）等所使用的海域，用海方式为港池、蓄水等。

（6）温排水区用海，用海方式为专用航道、锚地及其他开放式。

5.2.2.6 海水综合利用用海

海水综合利用用海指开展海水淡化和海水化学资源综合利用等所使用的海域。包括海水淡化厂、制碱厂及其他海水综合利用工厂的厂区、取排水口、蓄水池及沉淀池等所使用的海域。其中：

（1）填成土地后用于建设海水综合利用工业厂区等的海域，用海方式为建设填海造地。

（2）海水综合利用取排水口等所使用的海域，用海方式为取、排水口。

（3）蓄水池、沉淀池等所使用的海域，用海方式为港池、蓄水等。

5.2.2.7 其他工业用海

其他工业用海指上述工业用海以外的工业用海，包括水产品加工厂、化工厂、钢铁厂等的厂区，企业专用码头、引桥、平台、港池（含开敞式码头前沿船舶靠泊和回旋水域）、堤坝、取排水口、蓄水池及沉淀池等所使用的海域。其中：

（1）填成土地后用于建设上述工业厂区等的海域，用海方式为建设填海造地。

（2）采用非透水方式构筑的不形成围填海事实或有效岸线的企业专用码头、堤坝等所使用的海域，用海方式为非透水构筑物。

（3）采用透水方式构筑的企业专用码头、引桥、平台及潜堤等所使用的海域，用海方式为透水构筑物。

（4）取排水口所使用的海域，用海方式为取、排水口。

（5）蓄水池、沉淀池、有防浪设施圈围的企业专用港池、开敞式企业专用码头的港池（船舶靠泊和回旋水域）等所使用的海域，用海方式为港池、蓄水等。

5.2.3　交通运输用海

交通运输用海交通运输用海指为满足港口、航运、路桥等交通需要所使用的海域。

5.2.3.1　港口用海

港口用海指供船舶停靠、进行装卸作业、避风和调动等所使用的海域，包括港口码头（含开敞式的货运和客运码头）、引桥、平台、港池（含开敞式码头前沿船舶靠泊和回旋水域）、堤坝及堆场等所使用的海域。其中：

（1）填成土地后用于建设堆场、顺岸码头、大型突堤码头及其他港口设施等的海域，用海方式为建设填海造地。

（2）采用非透水方式构筑的不形成围填海事实或有效岸线的码头、堤坝等所使用的海域，用海方式为非透水构筑物。

（3）采用透水方式构筑的码头、引桥、平台及潜堤等所使用的海域，用海方式为透水构筑物。

（4）有防浪设施圈围的港池、开敞式码头的港池（船舶靠泊和回旋水域）等所使用的海域，用海方式为港池、蓄水等。

5.2.3.2　航道用海

航道用海指交通部门划定的供船只航行使用的海域（含灯桩、立标及浮式航标灯等海上航行标志所使用的海域），不包括渔港航道所使用的海域。用海方式为专用航道、锚地及其他开放式。

5.2.3.3 锚地用海

锚地用海指船舶候潮、待泊、联检、避风及进行水上过驳作业等所使用的海域，用海方式为专用航道、锚地及其他开放式。

5.2.3.4 路桥用海

路桥用海指连陆、连岛等路桥工程所使用的海域，包括跨海桥梁、跨海和顺岸道路等及其附属设施所使用的海域，不包括油气开采用连陆、连岛道路和栈桥等所使用的海域。其中：

（1）填成土地后用于建设顺岸道路及其附属设施等的海域，用海方式为建设填海造地。

（2）采用非透水方式构筑的不形成围填海事实或有效岸线的跨海道路（含涵洞式）及其附属设施所使用的海域，用海方式为非透水构筑物。

（3）跨海桥梁及其附属设施所使用的海域，用海方式为跨海桥梁、海底隧道等。

5.2.4 旅游娱乐用海

旅游娱乐用海指开发利用滨海和海上旅游资源，开展海上娱乐活动所使用的海域。

5.2.4.1 浴场用海

指专供游人游泳、嬉水的海域，用海方式为浴场。

5.2.4.2 游乐场用海

指开展游艇、帆板、冲浪、潜水、水下观光及垂钓等海上娱乐活动所使用的海域。用海方式为游乐场。

5.2.5 海底工程用海

海底工程用海指建设海底工程设施所使用的海域。

5.2.5.1 电缆管道用海

指埋（架）设海底通讯光（电）缆、电力电缆、深海排污管道、输水管道及输送其他物质的管状设施等所使用的海域，不包括油气开采输油管道所使用的海域。用海方式为海底电缆管道。

5.2.5.2 海底隧道用海

海底隧道用海指建设海底隧道及其附属设施所使用的海域，包括隧道主体及其海底附属设施，以及通风竖井等非透水设施所使用的海域。其中：

（1）隧道主体及其海底附属设施所使用的海域，用海方式为跨海桥梁、海底隧道等。

（2）通风竖井等非透水设施所使用的海域，用海方式为非透水构筑物。

5.2.5.3 海底场馆用海

海底场馆用海指建设海底水族馆、海底仓库及储罐等及其附属设施所使用的海域，用海方式为跨海桥梁、海底隧道等。

5.2.6 排污倾倒用海

排污倾倒用海指用来排放污水和倾倒废弃物的海域。

5.2.6.1 污水达标排放用海

污水达标排放用海指受纳指定达标污水的海域，用海方式为污水达标排放。

5.2.6.2 倾倒区用海

倾倒区用海指倾倒区所占用的海域，用海方式为倾倒。

5.2.7 造地工程用海

造地工程用海指为满足城镇建设、农业生产和废弃物处置需要，通过筑堤围割海域并最终填成土地，形成有效岸线的海域。

5.2.7.1 城镇建设填海造地用海

城镇建设填海造地用海指通过筑堤围割海域，填成土地后用于城镇（含工业园区）建设的海域，用海方式为建设填海造地。

5.2.7.2 农业填海造地用海

农业填海造地用海指通过筑堤围割海域，填成土地后用于农、林、牧业生产的海域，用海方式为农业填海造地。

5.2.7.3 废弃物处置填海造地用海

废弃物处置填海造地用海指通过筑堤围割海域，用于处置工业废渣、城市建筑垃圾、生活垃圾及疏浚物等废弃物，并最终形成土地的海域，用海方式为废弃物处置填海造地。

5.2.8 特殊用海

特殊用海指用于科研教学、军事、自然保护区及海岸防护工程等用途的海域。

5.2.8.1 科研教学用海

科研教学用海指专门用于科学研究、试验及教学活动的海域。用海方式参照军事用海。

5.2.8.2 军事用海

军事用海指建设军事设施和开展军事活动所使用的海域。用海方式参照海洋保护区用海。

5.2.8.3 海洋保护区用海

海洋保护区用海指各类涉海保护区所使用的海域，用海方式为专用航道、锚地及其他开放式。

5.2.8.4　海岸防护工程用海

海岸防护工程用海指为防范海浪、沿岸流的侵蚀及台风、气旋和寒潮大风等自然灾害的侵袭，建造海岸防护工程所使用的海域，用海方式为非透水构筑物。

5.2.9　其他用海

其他用海指上述用海类型以外的用海。用海方式参照5.2.1~5.2.7确定。

海域使用类型名称和编码见表5-1。用海方式名称和编码见表5-2。

表5-1　海域使用类型名称和编码

一级类		二级类	
编码	名称	编码	名称
1	渔业用海	11	渔业基础设施用海
		12	围海养殖用海
		13	开放式养殖用海
		14	人工鱼礁用海
2	工业用海	21	盐业用海
		22	固体矿产开采用海
		23	油气开采用海
		24	船舶工业用海
		25	电力工业用海
		26	海水综合利用用海
		27	其他工业用海
3	交通运输用海	31	港口用海
		32	航道用海
		33	锚地用海
		34	路桥用海
4	旅游娱乐用海	41	旅游基础设施用海
		42	浴场用海
		43	游乐场用海

续表

一　级　类		二　级　类	
编码	名　称	编码	名　称
5	海底工程用海	51	电缆管道用海
		52	海底隧道用海
		53	海底场馆用海
6	排污倾倒用海	61	污水达标排放用海
		62	倾倒区用海
7	造地工程用海	71	城镇建设填海造地用海
		72	农业填海造地用海
		73	废弃物处置填海造地用海
8	特殊用海	81	科研教学用海
		82	军事用海
		83	海洋保护区用海
		84	海岸防护工程用海
9	其他用海		

表 5－2　用海方式名称和编码

一级方式		二级方式	
编码	名称	编码	名称
1	填海造地	11	建设填海造地
		12	农业填海造地
		13	废弃物处置填海造地
2	构筑物	21	非透水构筑物
		22	跨海桥梁、海底隧道等
		23	透水构筑物
3	围海	31	港池、蓄水等
		32	盐业
		33	围海养殖

续表

一级方式		二级方式	
编码	名称	编码	名称
4	开放式	41	开放式养殖
		42	浴场
		43	游乐场
		44	专用航道、锚地及其他开放式
5	其他方式	51	人工岛式油气开采
		52	平台式油气开采
		53	海底电缆管道
		54	海砂等矿产开采
		55	取、排水口
		56	污水达标排放
		57	倾倒

5.3　宗海界址界定方法

5.3.1　各方式用海范围界定方法

填海造地用海：岸边以填海造地前的海岸线为界，水中以围堰、堤坝基床或回填物倾埋水下的外缘线为界。

构筑物用海：①非透水构筑物用海：岸边以海岸线为界，水中以非透水构筑物及其防护设施的水下外缘线为界。②透水构筑物用海：安全防护要求较低的透水构筑物用海以构筑物及其防护设施垂直投影的外缘线为界。其他透水构筑物用海在透水构筑物及其防护设施垂直投影的外缘线基础上，根据安全防护要求的程度，外扩不小于 10 米保护距离为界。

围海用海：岸边以围海前的海岸线为界，水中以围堰、堤坝基床外侧的水下边缘线及口门连线为界。

开放式用海：以实际设计、使用或主管部门批准的范围为界。

其他方式用海：根据用海特征，参照上述方法界定。

5.3.2 宗海界址界定方法

在宗海内部，按不同用海方式的用海范围划分内部单元。用海方式相同但范围不相接的海域应划分为不同的内部单元。综合宗海内部各单元所占的范围，以全部用海的最外围界线确定宗海的平面界址。遇特殊需要时，应根据项目用海占用水面、水体、海床和底土的实际情况，界定宗海的垂向使用范围。

5.3.3 典型宗海界址界定示例

典型宗海界址界定示例见表5－3。

表5－3　典型宗海界址界定示例

例1　顺岸平推式围填海工程

用海特征：与海岸线相接的围填海工程。

界址界定图示

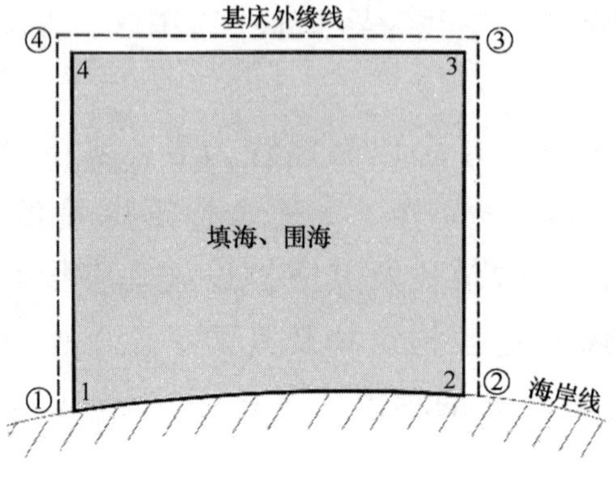

说明折线①－1－2－②－③－④－①围成的区域为本宗海的范围，属建设、农业、废弃物处置填海造地，或盐业、围海养殖。

折线①－1－2－②为原来的海岸线；折线2－3－4－1为围堰、堤坝的坡顶线；折线②－③－④－①为围堰、堤坝基床或回填物倾埋水下的外缘线。

续表

例 2　人工岛式填海造地工程

用海特征：离海岸线一定距离的填海造地工程，形成有效岸线。

界址界定图示 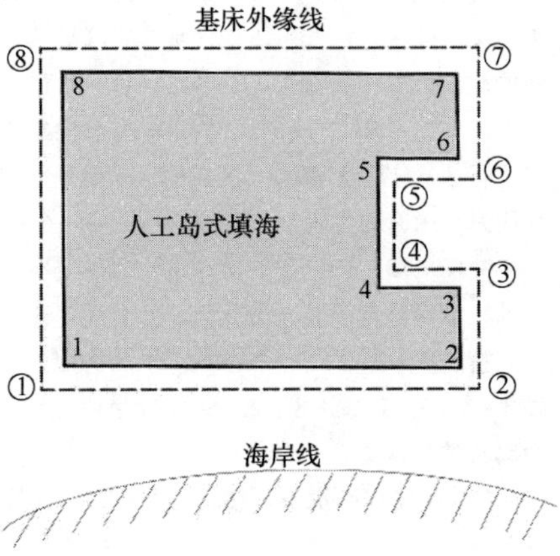 	说明折线①－②－③－④－⑤－⑥－⑦－⑧－①围成的区域为本宗海的范围，用于油气开采的属人工岛式油气开采用海，其他用途的属建设、农业或废弃物处置填海造地。 折线 1－2－3－4－5－6－7－8－1 为围堰、堤坝的坡顶线；折线①－②－③－④－⑤－⑥－⑦－⑧－①为围堰、堤坝基床或回填物倾埋水下的外缘线。

例 3　栈桥

用海特征：采用透水方式构筑的栈桥。

界址界定图示 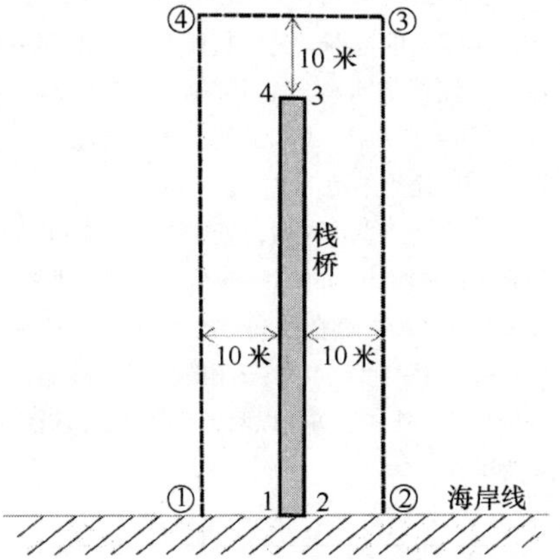 	说明折线①－1－2－②－③－④－①围成的区域为本宗海的范围，属透水构筑物用海，用途为栈桥。 折线①－1－2－②为海岸线；折线 2－3－4－1 为栈桥的外缘线；折线②－③－④－①为栈桥外缘线向外平行外扩 10 米形成的边线。

续表

例 4　港口

用海特征：有防波堤等设施圈围的港口，内有透水式和非透水式码头。

界址界定图示

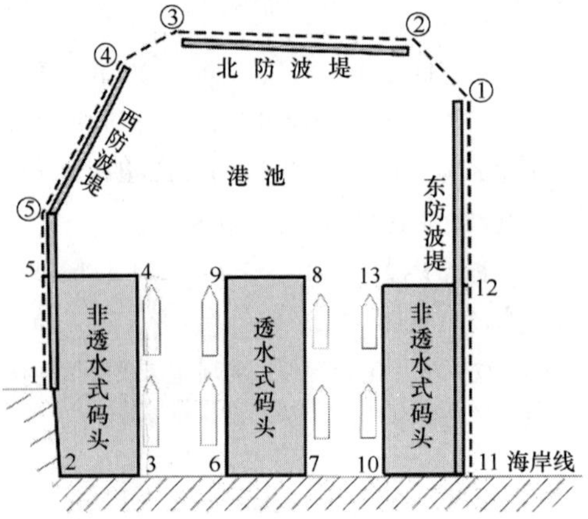

说明折线 1－2－3－6－7－10－11－12－①－②－③－④－⑤－5－1 围成的区域为本宗海的范围。其中折线 1－2－3－4－5－1 和 10－11－12－13－10 围成的区域属非透水构筑物用海，折线 6－7－8－9－6 围成的区域属透水构筑物用海，用途均为码头；折线 5－4－3－6－9－8－7－10－13－12－①－②－③－④－⑤－5 围成的区域属港池、蓄水等用海，用途为港池。

折线 1－2－3－6－7－10－11 为海岸线；折线 3－4－5－1、7－8－9－6 和 11－12－13－10 为码头的外缘线；折线 12－①－②－③－④－⑤－5 为防波堤的水下护坡坡脚线和口门连线。

例 5　顺岸码头甲

用海特征：采用透水方式构筑的顺岸码头。回旋水域位于码头前方，横向范围不超过码头的两端。

界址界定图示

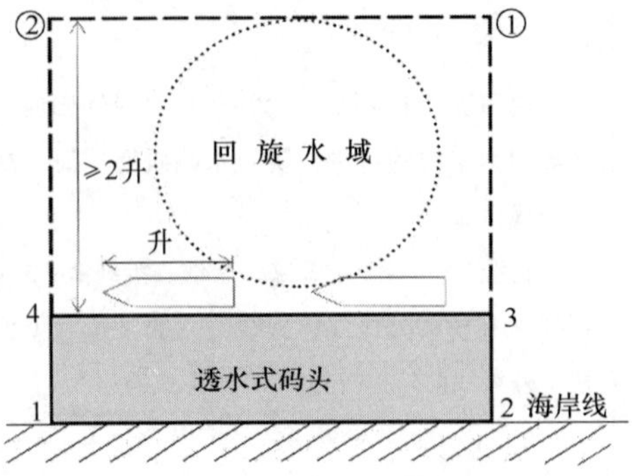

说明折线 1－2－3－①－②－4－1 围成的区域为本宗海的范围。其中折线 1－2－3－4－1 围成的区域属透水构筑物用海，用途为码头；折线 4－3－①－②－4 围成的区域属港池、蓄水等用海，用途为港池。

线段 1－2 为海岸线；折线 2－3－4－1 为码头外缘线；线段②－4 和①－3 为码头前沿线 4－3 的垂线，并与码头两端相齐；线段②－①为码头前沿线 4－3 的平行线，与 4－3 相距 2 倍设计船长或与回旋水域的外缘相切（以两者中距码头前沿线较远者为准）。

续表

例 6　T 型码头

用海特征：采用透水方式构筑的 T 型码头，码头后方有单个运货引桥。回旋水域位于码头前方，横向范围超出码头两端。

界址界定图示

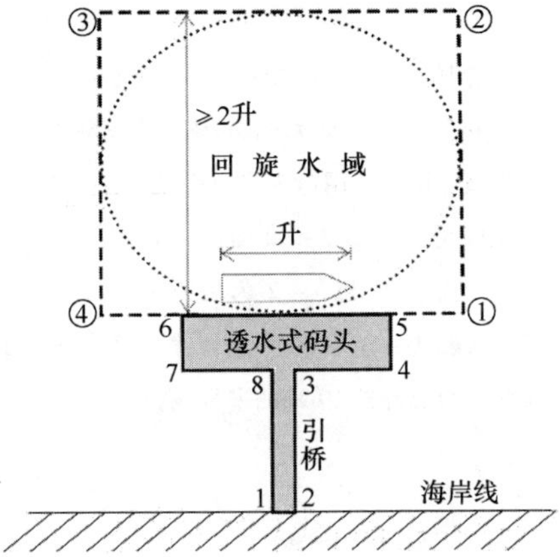

说明折线 1－2－3－4－5－①－②－③－④－6－7－8－1 围成的区域为本宗海的范围。其中折线 1－2－3－4－5－6－7－8－1 围成的区域属透水构筑物用海，用途为码头；折线④－6－5－①－②－③－④围成的区域属港池、蓄水等用海，用途为港池。

线段 1－2 为海岸线；折线 2－3－4－5－6－7－8－1 为码头与引桥的外缘线；线段④－6 和 5－①为码头前沿线 6－5 的延长线；线段③－④和②－①为码头前沿线 6－5 的垂线，并与回旋水域外缘相切；线段③－②为码头前沿线 6－5 的平行线，与 6－5 相距 2 倍设计船长或与回旋水域的外缘相切（以两者中距码头前沿线较远者为准）。

例 7　蝶型码头

用海特征：由平台、系缆墩等多个分散的构筑物组成的蝶型码头，码头平台后方有人行栈桥。回旋水域位于码头前方，纵向范围不超过码头前沿线起 2 倍设计船长。横向范围超出码头两端。

界址界定图示

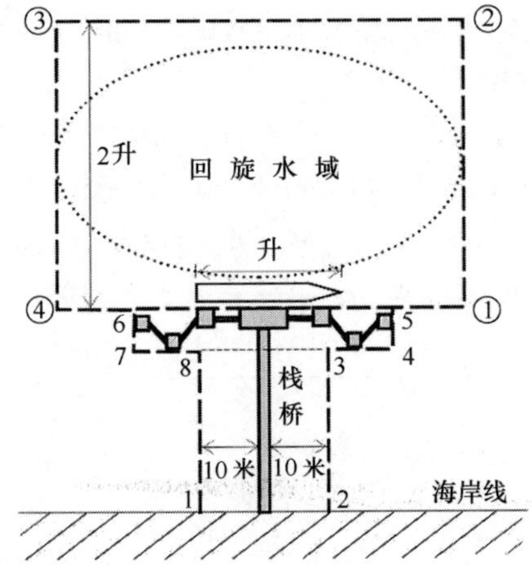

说明折线 1－2－3－4－5－①－②－③－④－6－7－8－1 围成的区域为本宗海的范围。其中折线 1－2－3－4－5－6－7－8－1 围成的区域属透水构筑物用海，用途为码头；折线④－①－②－③－④围成的区域属港池、蓄水等用海，用途为港池。

线段 1－2 为海岸线；折线 7－8－3－4－5－6－7 为与平台和系缆墩等相切的矩形边；线段 8－1 和 3－2 为栈桥边缘外扩 10 米的平行线；线段④－6 和 5－①为码头前沿线 6－5 的延长线；线段③－④和②－①为码头前沿线 6－5 的垂线，与回旋水域外缘相切；线段③－②为码头前沿线 6－5 的平行线，与 6－5 相距 2 倍设计船长或与回旋水域外缘相切（以两者中距码头前沿线较远者为准）。

续表

例 8　跨海桥梁及其附属设施用海

用海特征：通过设置桥墩或采用直跨形式架空建设的跨海桥梁。

界址界定图示

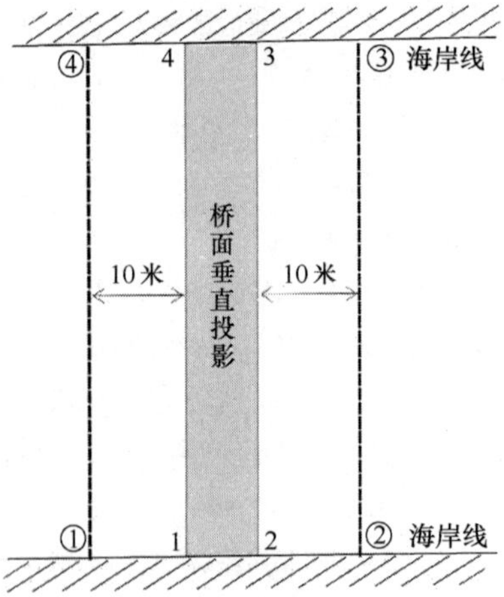

说明折线① - 1 - 2 - ② - ③ - 3 - 4 - ④ - ①围成的区域为本宗海的范围，属跨海桥梁、海底隧道等用海，用途为跨海桥梁。

折线① - 1 - 2 - ②和③ - 3 - 4 - ④为海岸线；线段 4 - 1 和 3 - 2 为桥面垂直投影的外缘线；线段④ - ①和③ - ②为桥面垂直投影的外缘线向两侧外扩 10 米的平行线。

例 9　开放式养殖用海

用海特征：单宗的筏式或网箱养殖。

界址界定图示

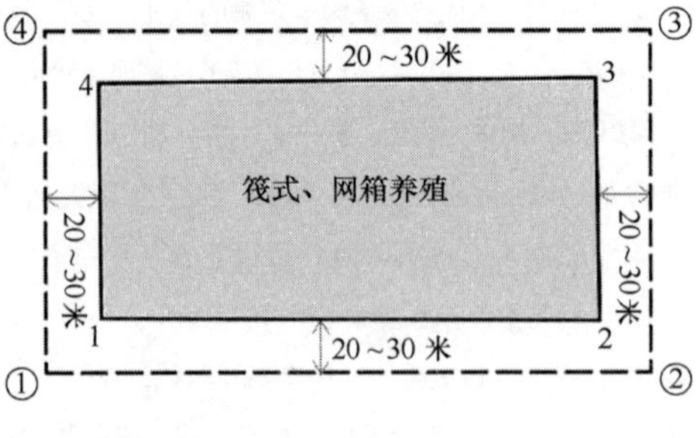

说明折线① - ② - ③ - ④ - ①围成的区域为本宗海的范围，属开放式养殖用海，用途为筏式或网箱养殖。

折线 1 - 2 - 3 - 4 - 1 为筏脚（架）、桩脚（架）最外缘的连线；折线① - ② - ③ - ④ - ①为筏脚（架）、桩脚（架）外缘连线外扩 20 ~ 30 米的边线。

续表

例 10　浴场用海甲 用海特征：设置防鲨网的海水浴场。	
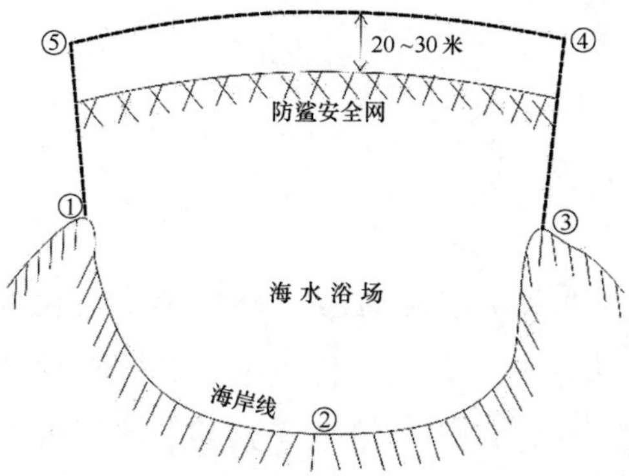	说明折线①－②－③－④－⑤－①围成的区域为本宗海的范围，属浴场用海，用途为浴场。 折线①－②－③为海岸线；线段⑤－①和④－③为防鲨网两侧缆绳的延长线；线段⑤－④为防鲨网外缘线外扩 20～30 米的边线。

思考题：

1. 海域使用类型包括哪些一级类、二级类？
2. 用海方式包括哪些一级方式、二级方式？

6 海域使用行政检查

6.1 海域使用行政检查相关界线

《海域使用管理法》第二条规定，“本法所称海域，是指中华人民共和国内水、领海的水面、水体、海床和底土。本法所称内水，是指中华人民共和国领海基线向陆地一侧至海岸线的海域”。第七条规定，“国务院海洋行政主管部门负责全国海域使用的监督管理。沿海县级以上地方人民政府海洋行政主管部门根据授权，负责本行政区毗邻海域使用的监督管理”。

中国海监各海区总队及其所属支队负责各辖区毗邻内水、领海的水面、水体、海床和底土使用的监督管理；地方各级海监机构负责本行政区毗邻内水、领海的水面、水体、海床和底土使用的监督管理。本行政区毗邻海域主要由海岸线、领海基线、领海的外部界限、两国领海分界线、省（区、市）间的海域行政区域界线、县际间海域行政区域界线等进行划定。

6.1.1 海岸线

在《海域使用管理法》出台以前，“海岸线”只是一个地理概念；《海域使用管理法》出台后，“海岸线”具有法律的概念。对于法律概念的“海岸线”，尚无明确的定义和严格的界定。《海域使用管理法》明确规定了海岸线是海陆分界线。国家海洋局《海岸线修测技术规程》中将海岸线定义为“海岸线是指多年平均大潮高潮时水陆分界的痕迹线”，这与相关国家标准及行业标准中的定义基本一致。比如，在国家标准《1∶5 000　1∶10 000

地形图图式》(GB/T 5791—1993）规定，海岸线是指平均大潮高潮时水陆分界的痕迹线。一般可根据当地的海蚀阶地、海滩堆积物或海滨植物确定。在国家标准《1∶50 1∶1 000 1∶20 000 地形图图式》(GB/T 7929—1995）规定，海岸线指以平均大潮高潮的痕迹所形成的水陆分界线。一般可根据当地的海蚀坎部、海滩堆积物或海滨植物来确定。在国家标准《中国海图图式》(GB 12319—1998）规定，海岸线是指平均大潮高潮时水陆分界的痕迹线。一般可根据当地的海蚀阶地、海滩堆积物或海滨植物确定。国家标准海洋学术语海洋地质学（GB/T 18190—2000）中，海岸线是海陆分界线，在我国系指多年大潮平均高潮位时海陆分界线。行业标准《地籍图图示》(CH 5003—94）规定，海岸线以平均大潮高潮的痕迹所形成的水陆分界线为准，一般可根据当地的海蚀坎部、海滩堆积物或海滨植物来确定。

国家海洋局颁布的《海域使用论证技术导则（试行)》(国海发〔2008〕7 号文件）中要求：海岸线确定，以相关人民政府最新批准的海岸线为准；没有批准的，参照《海岸线修测技术规程》、《海域勘界技术规程》等技术方法进行海岸线确定。随着海岸线修测工作的不断进展，2009 年沿海各省（区、市）基本完成海岸线修测成果报批工作，经各省（区、市）人民政府批准的海岸线修测成果已运用到地方的海洋管理工作中。国家海洋局颁布了新修订的《海域使用论证技术导则》(国海发〔2010〕22 号文件)，文件颁布的《海域使用论证技术导则（试行)》(国海发〔2008〕7 号）同时废止，《海域使用论证技术导则》对海岸线的确定未再作规定。

经各省（区、市）人民政府批准的海岸线修测成果，是实施海域使用管理的一项基础依据。

6.1.2 领海基线

《联合国海洋法公约》规定，每一国家有权确定其领海的宽度，直至从按照本公约确定的基线量起不超过12海里的界限为止。我国在1958年发表关于领海的声明，宣布中国领海宽度为12海里；采用直线基线法划定领海。1992年制定的《中华人民共和国领海及毗连区法》规定，中华人民共和国领海为邻接中华人民共和国陆地领土和内水的一带海域；中华人民共和国领海的宽度从领海基线量起为12海里；中华人民共和国领海基线采用直线基线法划定，由各相邻基点之间的直线连线组成。在这部法中，还明确规定中华人民共和国对领海的主权及于领海上空、领海的海床及底土；《海域使用管理法》中规定的，海域是指我国内水、领海的水面、水体、海床和底土；这两者是一致的，并无差异。

我国在1996年5月15日发表《关于中华人民共和国领海基线的声明》：

中华人民共和国政府根据1992年2月25日《中华人民共和国领海及毗连区法》，宣布中华人民共和国大陆领海的部分基线和西沙群岛的领海基线。

一、大陆领海的部分基线为下列各相邻基点之间的直线连线：

1. 山东高角（1）北纬37°24.0′东经122°42.3′

2. 山东高角（1）北纬37°23.7′东经122°42.3′

3. 镆耶岛（1）北纬36°57.8′东经122°34.2′

4. 镆耶岛（2）北纬36°55.1′东经122°32.7′

5. 镆耶岛（3）北纬36°53.7′东经122°31.1′

6. 苏山岛 北纬36°44.8′东经122°15.8′

7. 朝连岛 北纬35°53.6′东经120°53.1′

8. 达山岛 北纬35°00.2′东经119°54.2′

9. 麻菜珩 北纬33°21.8′东经121°20.8′

10. 外磕脚 北纬33°00.9′东经121°38.4′

11. 佘山岛 北纬31°25.3′东经122°14.6′

12. 海礁 北纬30°44.1′东经123°09.4′

13. 东南礁 北纬 30°43. 5′ 东经 123°09. 7′

14. 两兄弟屿 北纬 30°10. 1′ 东经 122°56. 7′

15. 渔山列岛 北纬 28°53. 3′ 东经 122°16. 5′

16. 台州列岛（1）北纬 28°23. 9′ 东经 121°55. 0′

17. 台州列岛（2）北纬 28°23. 5′ 东经 121°54. 7′

18. 稻挑山 北纬 27°27. 9′ 东经 121°07. 8′

19. 东引岛 北纬 26°22. 6′ 东经 120°30. 4′

20. 东沙岛 北纬 26°09. 4′ 东经 120°24. 3′

21. 牛山岛 北纬 25°25. 8′ 东经 119°56. 3′

22. 乌丘屿 北纬 24°58. 6′ 东经 119°28. 7′

23. 东碇岛 北纬 24°09. 7′ 东经 118°14. 2′

24. 大柑山 北纬 23°31. 9′ 东经 117°41. 3′

25. 南澎列岛（1）北纬 23°12. 9′ 东经 117°14. 9′

26. 南澎列岛（2）北纬 23°12. 3′ 东经 117°13. 9′

27. 石碑山角 北纬 22°56. 1′ 东经 116°29. 7′

28. 针头岩 北纬 22°18. 9′ 东经 115°07. 5′

29. 佳蓬列岛 北纬 21°48. 5′ 东经 113°58. 0′

30. 围夹岛 北纬 21°34. 1′ 东经 112°47. 9′

31. 大帆石 北纬 21°27. 7′ 东经 112°21. 5′

32. 七洲列岛 北纬 19°58. 5′ 东经 111°16. 4′

33. 观帆 北纬 19°53. 0′ 东经 111°12. 8′

34. 大洲岛（1）北纬 18°39. 7′ 东经 110°29. 6′

35. 大洲岛（2）北纬 18°39. 4′ 东经 110°29. 1′

36. 双帆石 北纬 18°26. 1′ 东经 110°08. 4′

37. 陵水角 北纬 18°23. 0′ 东经 110°03. 0′

38. 东洲（1）北纬 18°11. 0′ 东经 109°42. 1′

39. 东洲（2）北纬 18°11. 0′ 东经 109°41. 8′

40. 锦母角 北纬 18°09. 5′ 东经 109°34. 4′

41. 深石礁 北纬 18°14. 6′ 东经 109°07. 6′

42. 西鼓岛 北纬 18°19. 3′ 东经 108°57. 1′

43. 莺歌嘴（1）北纬 18°30. 2′ 东经 108°41. 3′

44. 莺歌嘴（2）北纬 18°30. 4′ 东经 108°41. 1′

45. 莺歌嘴（3）北纬 18°31. 0′ 东经 108°40. 6′

46. 莺歌嘴（4）北纬 18°31. 1′ 东经 108°40. 5′

47. 感恩角 北纬 18°50. 5′ 东经 108°37. 3′

48. 四更沙角 北纬 19°11. 6′ 东经 108°36. 0′

49. 峻壁角 北纬 19°21. 1′ 东经 108°38. 6′

二、西沙群岛领海基线为下列各相邻基点之间的直线连线：

1. 东岛（1）北纬 16°40. 5′ 东经 112°44. 2′

2. 东岛（2）北纬 16°40. 1′ 东经 112°44. 5′

3. 东岛（3）北纬 16°39. 8′ 东经 112°44. 7′

4. 浪花礁（1）北纬 16°04. 4′ 东经 112°35. 8′

5. 浪花礁（2）北纬 16°01. 9′ 东经 112°32. 7′

6. 浪花礁（3）北纬 16。01. 5′ 东经 112°31. 8′

7. 浪花礁（4）北纬 16°01. 0′ 东经 112°29. 8′

8. 中建岛（1）北纬 15°46. 5′ 东经 111°12. 6′

9. 中建岛（2）北纬 15°46. 4′ 东经 111°12. 1′

10. 中建岛（3）北纬 15°46. 4′ 东经 111°11. 8′

11. 中建岛（4）北纬 15°46. 5′ 东经 111°11. 6′

12. 中建岛（5）北纬 15°46. 7′ 东经 111°11. 4′

13. 中建岛（6）北纬 15°46. 9′ 东经 111°11. 3′

14. 中建岛（7）北纬 15°47. 2′ 东经 111°11. 4′

15. 北礁（1）北纬 17°04. 9′ 东经 111°26. 9′

16. 北礁（2）北纬 17°05. 4′ 东经 111°26. 9′

17. 北礁（3）北纬 17°05. 7′ 东经 111°27. 2′

18. 北礁（4）北纬 17°06. 0′ 东经 111°27. 8′

19. 北礁（5）北纬 17°06. 5′ 东经 111°29. 2′

20. 北礁（6）北纬 17°07. 0′ 东经 111°31. 0′

21. 北礁（7）北纬 17°07. 1′ 东经 111°31. 6′

22. 北礁（8）北纬 17°06. 9′ 东经 111°32. 0′

23. 赵述岛（1）北纬 16°59. 9′ 东经 112°14. 7′

24. 赵述岛（3）北纬 16°59. 7′ 东经 112°15. 6′

25. 赵述岛（3）北纬 16°59. 4′ 东经 112°16. 6′

26. 北岛 北纬 16°58. 4′ 东经 112°18. 3′

27. 中岛 北纬 16°57. 6′ 东经 112°19. 6′

28. 南岛 北纬 16°56. 9′ 东经 112°20. 5′

1. 东岛（1）北纬 16°40. 5′东经 112°44. 2′

2012 年 9 月 10 日，中华人民共和国政府就中华人民共和国钓鱼岛及其附属岛屿领海基线发表声明：

中华人民共和国政府根据 1992 年 2 月 25 日《中华人民共和国领海及毗连区法》，宣布中华人民共和国钓鱼岛及其附属岛屿的领海基线。

一、钓鱼岛、黄尾屿、南小岛、北小岛、南屿、北屿、飞屿的领海基线为下列各相邻基点之间的直线连线：

1. 钓鱼岛 1 北纬 25°44. 1′ 东经 123°27. 5′

2. 钓鱼岛 2 北纬 25°44. 2′ 东经 123°27. 4′

3. 钓鱼岛 3 北纬 25°44. 4′ 东经 123°27. 4′

4. 钓鱼岛 4 北纬 25°44. 7′ 东经 123°27. 5′

5. 海豚岛北纬 25°55. 8′ 东经 123°40. 7′

6. 下虎牙岛北纬 25°55. 8′ 东经 123°41. 1′

7. 海星岛北纬 25°55. 6′ 东经 123°41. 3′

8. 黄尾屿北纬 25°55. 4′ 东经 123°41. 4′

9. 海龟岛北纬 25°55. 3′ 东经 123°41. 4′

10. 长龙岛北纬 25°43. 2′ 东经 123°33. 4′

11. 南小岛北纬 25°43. 2′ 东经 123°33. 2′

12. 鲳鱼岛北纬 25°44. 0′ 东经 123°27. 6′

二、赤尾屿的领海基线为下列各相邻基点之间的直线连线：

1. 赤尾屿北纬 25°55. 3′ 东经 124°33. 7′

2. 望赤岛北纬 25°55. 2′ 东经 124°33. 2′

3. 小赤尾岛北纬 25°55. 3′ 东经 124°33. 3′

4. 赤背北岛北纬 25°55. 5′ 东经 124°33. 5′

5. 赤背东岛北纬 25°55. 5′ 东经 124°33. 7′

1. 赤尾屿北纬 25°55. 3′ 东经 124°33. 7′

6.1.3 领海的外部界限

《联合国海洋法公约》规定，领海的外部界限是一条其每一点同基线最近点的距离等于领海宽度的线。《中华人民共和国领海及毗连区法》规定，中华人民共和国领海的外部界限为一条其每一点与领海基线的最近点距离等于 12 海里的线。我国的领海基线是直线基线，领海的外部测定可以采用共同切线法，即以每个基点为中心，以领海宽度 12 海里为半径，向外划出一系列半圆，然后划出每两个半圆的共同切线，每一条这样的切线都是与基线平行的直线，它与基线的距离等于领海宽度，这些切线连接在一起就形成领海的外部界限。

6.1.4 两国领海分界线

目前，我国与相邻国家之间只与和越南社会主义共和国达成了在北部湾领海、专属经济区和大陆架的划界协定。2004 年 6 月 25 日，全国人民代表大会常务委员会第十次会议决定批准外交部部长唐家璇代表中华人民共和国于 2000 年 12 月 25 日在北京签署的《中华人民共和国和越南社会主义共和国关于两国在北部湾领海、专属经济区和大陆架的划界协定》。

6.1.5　省（区、市）间、县际间的海域行政区域界线

我国沿海各级行政区毗邻的海域，在 2002 年之前，只有香港和澳门两个特别行政区有明确的管理范围，沿海 11 个省（区、市）及所辖县（市、区）一直没有明确的海域管理范围。2002 年 2 月，《国务院办公厅关于开展勘定省县两级海域行政区域界线工作有关问题的通知》(简称"通知")（国办发〔2002〕12 号）印发，全国省（区、市）间和县际间海域勘界工作全面启动。《通知》要求，海域勘界的范围为我国管辖内海和领海，界线的起点从陆域勘界向内海一侧的终点开始，界线的终点止于领海的外部界限。其中，渤海和琼州海峡区域，从起点向海止于 12 海里处；琼州海峡窄于 24 海里区域，从起点向海止于海峡中间线。县际间海域勘界工作由沿海省、自治区、直辖市人民政府组织实施。具体步骤可参照省际间海域勘界的实施步骤进行。各省、自治区、直辖市提出的县际间海域行政区域划界方案，由国家海洋局分别报国务院批准。

从 2011 年 11 月以来，辽宁省和河北省、天津市和河北省（北线、南线)、河北省和山东省、广东省和广西壮族自治区、广东省和海南省、福建省和广东省、辽宁省和山东省等 8 条省（区、市）间海域行政区域界线及广西壮族自治区、海南省、福建省、浙江省、上海市、河北省、山东省、辽宁省 8 个省（区、市）168 条县际间海域行政区域界线已经国务院批准。

6.2　海域使用行政检查的内容

中国海监机构重点依法对在我国内水、领海持续使用特定海域 3 个月以上的排他性用海活动开展监督检查；对在我国内水、领海使用特定海域不足 3 个月的排他性用海活动，依照国家海洋局《临时海域使用管理暂行办法》实施检查。

6.2.1 检查海域使用权取得的情况

这是针对用海者是否取得海域使用权的行政检查。《海域使用管理法》明确规定，任何单位和个人使用海域必须取得海域使用权，海域使用申请人自领取海域使用权证书之日起即取得海域使用权；通过招标或者拍卖方式取得海域使用权的，中标人或者买受人自领取海域使用权证书之日起即取得海域使用权。查明用海者是否取得海域使用权是海域使用行政检查的首要任务和核心内容。

海洋行政执法人员应当要求被检查单位或者个人出示海域使用权证书，了解用海单位或者个人是否存在未经批准非法占用海域的行为，检查其用海活动是否经有权机关批准。

海洋行政执法人员应当对用海项目的真实性进行检查，主要查明是否存在提供虚假材料骗取批准行为。

应重点核实用海项目的性质与类型、用海面积、占用岸线长度等海域使用的基本情况，以鉴别海域使用权证书的获取是否合法。

海监机构及其海洋行政执法人员在实施检查中，应当加强与地方政府和有关行业主管部门的协调与沟通。

对政府和职能部门的无权审批行为，如给未办海域使用证的填海者直接发放土地使用权证书；越权审批行为，如所审批项目的用海面积、用海类型超过审批权限；滥用职权审批行为，如对一般用海和围（填）海活动错误发放临时性海域使用证，或对用海项目化整为零分散审批，对含不同用海类型的同一项目用海，分解受理、审查、审核和报批等；应当及时向其上一级海洋行政主管部门反映，依法予以处理。

6.2.2 检查海域使用许可的执行情况

这是针对海域使用权人取得海域使用权证书以后是否在批准范围内使用海域的行政检查。检查海域使用许可的执行情况是海域使用行政检查的重点内容和关键环节。

6.2.2.1　对用海活动的海域使用行政检查

对用海活动的海域使用行政检查，海洋行政执法人员应当重点查明以下内容：

（1）项目名称和用海类型是否与海域使用权证书所列内容一致；

（2）用海项目实际占用的海域面积情况，是否有超出批准的用海面积情形；

（3）用海项目使用海域期限是否在有效期之内，用海单位或者个人超批准期限继续使用海域是否办理了续期手续；

（4）用海单位或者个人是否改变了经批准的海域使用用途，改变海域使用用途是否业经原批准用海的人民政府批准；

（5）《海域使用管理法》施行前已经由农村集体经济组织或者村民委员会经营、管理的养殖用海活动是否符合海洋功能区划，是否已经当地县级人民政府核准及经其核准后是否由本集体经济组织的成员承包，且用于养殖生产。

（6）《海域使用管理法》规定的其他内容。

对用海活动实际占用的海域面积进行检查、核查，应参照《海籍调查规范》，确定宗海界址。

6.2.2.2　对海域使用权人履行义务情况的行政检查

对海域使用权人履行义务情况的行政检查，海洋行政执法人员检查的主要内容是：

（1）查明用海单位或者个人是否按照规定申请办理海域使用权证书年度审查；

（2）用海单位或者个人持有的海域使用权证书是否存在擅自涂改现象；

（3）用海单位或者个人海域使用权的取得、终止和转移（如变更和他项权利等）是否按规定进行海域使用权登记；

（4）用海单位或者个人是否阻挠他人进行的不妨害其依法使用海域的非排他性用海活动；

（5）用海单位或者个人在使用海域期间是否未经批准从事海洋基础测绘；

（6）在所使用的海域出现自然资源和自然条件重大变化时，用海单位或者个人是否及时报告；

（7）在企业合并、分立或者与他人合资、合作经营变更海域使用权人时，是否经过原批准用海的人民政府批准；海域使用权转让是否经原用海的海洋行政主管部门批复；

（8）在海域使用权争议解决之前，是否擅自改变海域使用现状等。

在对含有不同用海类型的同一项目实施检查时，还应注意海域使用权人是否将各种类型用海整体上报审批。

6.2.2.3 对保护海域使用权人合法权益情况的行政检查

对保护海域使用权人合法权益情况的行政检查，主要内容为查明是否存在侵犯海域使用人依法使用海域并获得收益的情况，以及海域使用监督管理人员是否秉公执法、清正廉洁、文明服务等。

6.2.3 检查海域使用者缴纳海域使用金的情况

这是针对海域使用人缴纳海域使用金的行政检查。《海域使用管理法》规定国家实行海域有偿使用制度，单位和个人使用海域应当缴纳海域使用金。海域使用金缴纳情况的行政检查是海域使用行政检查的重要内容，其主要内容如下：

查明海域使用权人按年度逐年缴纳海域使用金的是否按期缴纳；一次性缴纳的是否按规定及时足额缴纳；

减缴或免缴海域使用金的用海项目是否取得有批准权的人民政府财政部门和海洋行政主管部门批准；

经批准改变海域用途的海域使用金是否得到相应的调整并履行了缴纳义务；

属于法定免缴海域使用金的用海项目是否存在擅自转让、出租和抵押、改变海域用途的情况等。

6.2.4　检查海域使用权终止后义务履行的情况

这是针对海域使用权终止后原海域使用权人履行相关义务的行政检查。海洋行政执法人员检查的主要内容是查明海域使用权终止后，原海域使用权人是否按照规定拆除了用海设施和构筑物等。

6.2.5　关于临时用海的监督检查

关于在我国内水、领海使用特定海域不足3个月的排他性用海活动，中国海监机构依照《海域使用管理法》、国家海洋局印发的《临时海域使用管理暂行办法》和地方政府的地方法规规章实施行政检查。主要内容如下：

是否有经批准的临时用海手续；

经批准的临时用海，是否擅自改变海域用途；

经批准的临时用海是否转让、抵押、出租；

临时用海期限届满，是否出现无特殊理由的续期用海；

临时用海有特殊情况需要续期的，续期是否超过3个月；

临时用海期满时，该海域的临时用海活动是否停止；原用海单位或个人是否拆除临时用海设施和构造物，恢复原状；

临时用海者是否已缴纳海域使用金。

6.3　海域使用行政检查方式

海域使用具有区域相对固定，时间相对较长，类型多样等特点。为强化海域使用行政管理工作的权威性和强制力，加强海域使用检查工作，全面提高海域使用行政检查工作的水平，提高检查的效率和效果，针对不同海域使用类型，确定科学合理的行政检查方式，国家海洋局印发了《关于印发〈关于海域使用执法检查方式的意见〉的通知》(国海发〔2002〕24号)，对海域使用主要行政检查方式作了明确规定：

6.3.1 定期检查和不定期检查

6.3.1.1 定期检查

定期检查指中国海监各级机构在时间上有规律地对海域使用活动进行检查，如月度检查、季度检查、年度检查等。对管辖范围内的用海活动，确定合理的检查频率，做到既能有效地对其进行监管，又能节约执法成本。定期检查可对行政管理相对人产生稳定的警戒作用，以强化其守法意识。

6.3.1.2 不定期检查

不定期检查指中国海监各级机构对海域使用活动进行的无规律的突击、随机性检查。对管辖范围内的用海活动实施必要的不定期检查，使行政相对人无法事先准备或掩饰其违法行为，从而使检查所获得的情况更为客观和真实。

6.3.2 综合检查和专项检查

6.3.2.1 综合检查

综合检查指中国海监各级机构对管辖范围几种用海类型进行综合性的检查。如对旅游用海、围海造地用海、交通运输用海等多种类型同时进行检查。中国海监各级机构每隔一段时间要在本辖区内组织一次综合检查，以从宏观上、总体上把握本地区海域使用活动的综合情况。

6.3.2.2　专项检查

专项检查指中国海监各级机构对管辖范围内某一用海类型进行专门的检查。如对养殖用海的情况进行专门的检查等。对本地区的海域使用活动分用海类型进行管理，对重点的、问题较多的、需重点加强管理的用海类型，要经常开展专项检查，以便及时发现和处理问题。

6.3.3　事前检查、事中检查和事后检查

6.3.3.1　事前检查

事前检查指中国海监各级机构在海域使用工程项目开始之前的检查。

在存在用海施工准备迹象的海岸，核查用海施工准备的单位是否已办理用海手续，并可利用陆上摄影摄像方式或航空摄影等方式记录和保存原始岸线及近岸的总体利用状况，以便日后检查作为用海情况比对的历史资料；向存在无证用海可能的单位发出依法用海告知书，告知需依照海域使用管理法律法规凭海域使用权证使用海域，并告知办理合法手续的咨询及接洽部门的名称及联系方式，预防违法用海；如计划施工的用海项目含有不同用海类型，应注意提醒业主将各种类型用海整体上报审批。

在海洋行政主管部门审批海域使用工程项目时，中国海监机构可结合用海项目海洋环境影响评价报告送审稿和海域使用论证报告送审稿的评审会，对用海项目进行以下内容的核查：

（1）通过用海现场踏勘核查用海项目是否出现边申请边论证边施工的现象；

（2）了解用海项目整体规模及其使用海域的面积、用途，如同一项目含不同用海类型的，核查其是否按项目整体申报，是否存在化整为零分散申报的情况；

（3）核查用海项目是否符合海洋功能区划；

（4）用海项目如涉及围填海及不改变海域自然属性的用海，核查其用

海规模是否符合相应级别的人民政府项目用海审批权限；

（5）核查海域使用论证单位的资质有效性；

（6）核查项目海洋环境影响评价报告中涉海施工土石方平衡关系。如核查涉及交通用海的港池、码头调头区、船舶停泊区疏浚施工的疏浚泥处置方式，如是否用于吹填形成陆域等；

（7）了解用海工程的施工建设方案和整体计划，以便在其各期施工阶段进行行政检查。

6.3.3.2 事中检查

事中检查指中国海监各级机构对海域使用各期工程开始之后、结束之前的各用海施工阶段实施的检查。按海域使用行政检查的主要内容检查海域使用权取得情况、海域使用许可的执行情况、缴纳海域使用金的情况，使用海域的方式方法包括施工方式是否符合项目用海批复的要求，如填海是否先设置围堰再吹填等。

6.3.3.3 事后检查

事后检查指中国海监各级机构对海域使用工程项目结束之后对其实施的验收检查。包括对海域使用许可的执行情况、缴纳海域使用金的情况进行检查。

可对照用海项目的批复文件及海域使用论证报告报批稿，看其是否按项目用海批复的要求进行施工，有无违法用海行为。

如用海项目涉及填海用海，结合填海项目竣工海域使用验收，核查填海项目是否验收不合格的，根据竣工验收组织单位发出的限期整改通知书，核查海域使用权人是否如期整改；没有整改或整改后仍存在问题的移交中国海监机构进行依法查处。

6.3.4 现场检查和书面检查

6.3.4.1 现场检查

现场检查指中国海监各级机构的执法人员亲临海域使用现场进行的检

查，分为陆地检查、海上检查和空中检查。陆地、海上、空中三种检查方式各有特点，既可以独立使用，发挥各自的优势，也可以相互配合使用，采取立体执法模式，以增加检查的空间覆盖范围。现场陆地检查操作流程如下：

（1）以具有行使海域使用行政检查权的海洋行政主管部门名义向行政相对人发出《检查通知书》，说明检查内容；

（2）要求行政相对人、现场施工单位负责人随同或自行抵达用海现场；

（3）现场陆地检查至少有 2 名海洋监察人员参加，向行政相对人出示《海洋执法监察证》，并请其根据法律法规的规定予以配合，不得拒绝、妨碍监督检查人员依法执行公务。请行政相对人出示其身份证明文件或接受检查的授权委托证明；

（4）听取行政相对人或现场施工单位负责人用海情况汇报；

（5）对行政相对人或现场施工人员进行调查询问，填写《现场笔录》，必要时做《询问笔录》；

（6）对作业现场和作业造成各类海洋环境损害的情况进行定位测量、摄像、拍照和采样等取证工作；提取样品应填写《提取证据材料登记表》，要求行政相对人签名盖章加以确认；

（7）要求行政相对人或现场施工人员在《现场笔录》、《询问笔录》等文书上签字，加盖被检查单位公章，确认检查结果。海洋监察人员签名。

6.3.4.2　书面检查

书面检查指中国海监各级机构根据行政相对人提交的书面材料进行的检查。中国海监机构可以依法要求行政相对人定期提供有关海域使用活动的文字、图像等材料，以通过书面检查掌握其用海活动情况。书面检查操作流程如下：

（1）以具有行使海域使用行政检查权的海洋行政主管部门名义向行政

相对人发出检查通知书，说明检查内容和列出备检的书面材料清单。检查方式可采用要求行政相对人出示相关书面材料或邮寄相关书面材料的方式；

（2）书面检查至少有2名海洋监察人员参加，向行政相对人出示《海洋执法监察证》，并请其根据法律法规的规定予以配合，不得拒绝、妨碍监督检查人员依法执行公务。请行政相对人出示其身份证明文件或授权证明；

（3）核实书面材料的有效性、规范性、完整性和海域使用金缴纳手续的完备性；

（4）提取所需书面材料副本并填写《提取证据材料登记表》，要求行政相对人逐页签名盖章确认副本与原件内容一致；

（5）必要时应做《询问笔录》。海洋监察人员和被检行政相对人（或经授权的有关人员）双方签名确认检查结果。加盖被检查单位公章。

6.3.5　联合检查和单独检查

6.3.5.1　联合检查

联合检查指上级中国海监机构与下级中国海监机构联合，对某一管辖区域内的海域使用活动进行跨层级的联合检查；或两个以上地区的中国海监机构对海域使用活动进行跨区域的联合检查。

跨层级的联合检查可利用行政系统本身的层级优势，解决由于地方保护主义或部门保护主义而产生的问题。

跨区域的联合检查一般适合于解决不同地区共同存在的比较严重的问题，这种检查可以由两个以上地区的平级中国海监机构共同组织，以加大检查力度，也有利于相互间的借鉴和交流。

根据《关于规范中国海监海区总队行政执法工作的意见》（国海办字〔2008〕79号），各海区海监总队与各省总队的联合定期检查活动每一年或半年开展一次；海区各支队行政执法队与地方海监支队和大队可联合对重点地区和重点项目开展有针对性的不定期行政检查活动；海区各支队行政执法队可与航空支队执法队联合开展行政检查活动。

6.3.5.2　单独检查

单独检查指中国海监各级机构对本管辖区域内的海域使用活动进行的独立检查，一般适用于本地区的日常检查工作。

根据《关于规范中国海监海区总队行政执法工作的意见》(国海办字〔2008〕79 号)，由各海区总队支队行政执法队对管辖海域组织开展每两个月一次的单独定期检查；针对举报或发现的违法行为开展有针对性的单独不定期行政检查活动。

由于海域使用各种类型差异较大，要加强对各种用海类型的管理，全面提高海域使用行政检查的水平，就必须实行行政检查方式的多样化。

思考题：

1. 海域使用行政检查有关界限有哪些？
2. 海域使用行政检查的内容有哪些？
3. 事前检查、事中检查、事后检查的具体内容有哪些？
4. 现场检查和书面检查的流程包括哪些内容？

7　海域使用违法行为及其法律责任

7.1　海域使用违法行为及其法律责任概述

海域使用违法行为是指海域使用管理活动中的行政管理相对人违反海域使用管理法律、法规以及规章所设定的义务，侵害了海域使用管理法律所保护的行政关系，对国家、社会的公共利益和管理秩序造成一定危害，尚未构成犯罪，应当予以行政处罚的行为。海域使用违法行为法律责任是指因海域使用违法行为人实施违反《海域使用管理法》规定的行为而引起的，由海洋行政主管部门依法给予制裁的，并且是必须承担的法律后果。

7.2　海域使用违法行为及其法律责任

7.2.1　未经批准或者骗取批准，非法占用海域的行为及其法律责任

《海域使用管理法》第三条第二款规定，“单位和个人使用海域，必须依法取得海域使用权”。

未经批准或者骗取批准，非法占用海域的行为违反了《海域使用管理法》第三条第二款的规定，海洋行政主管部门依据《海域使用管理法》第四十二条对其进行处罚。

未经批准的行为有三种情况：第一，未向海洋行政主管部门提出海域

使用申请的；第二，海域使用申请正在审批过程之中的；第三，海域使用申请经有权机关审查未获批准的。在实践中，一些用海者在其用海申请递交海洋行政主管部门，正在审批过程中，但尚未取得海域使用权证书的情况下，先行开始施工建设占用海域，这种行为应当视为未取得海域使用权，但在处理时要考虑其用海申请是否符合功能区划、海域使用论证是否已审核通过、是否已通过审核机关的用海预审、是否已根据项目用海批复文件缴交了海域使用金等情节。

骗取批准是指有关单位和个人为了获得海域使用权，在向县级以上海洋行政主管部门申请使用海域时，提供虚假材料（如虚假资信证明材料等），以获得海洋行政主管部门批准的行为。

《海域使用管理法》第四十二条规定，“未经批准或者骗取批准，非法占用海域的，责令退还非法占用的海域，恢复海域原状，并处非法占用海域期间内该海域面积应缴纳的海域使用金 5 倍以上 15 倍以下的罚款”。即违法行为人停止在非法占用海域内的一切生产经营活动和其他有关活动，拆除该海域内的违法用海设施和构筑物，对海域造成破坏的，应当采取治理措施，进行整治，恢复海域被非法占用前的状态。对于在非法占用海域期间内取得的违法所得，海洋行政主管部门应当予以没收。海洋行政主管部门在对违法行为人作出上述处罚行为的同时，还应当对其处以罚款。罚款幅度为违法行为人非法占用海域期间内该海域面积应缴纳的海域使用金 5 倍以上 15 倍以下。

7.2.2　未经批准或者骗取批准，进行围海、填海活动的行为及其法律责任

未经批准或者骗取批准，进行围海、填海活动的行为，违反了《海域使用管理法》第三条第二款的规定，海洋行政主管部门依据《海域使用管理法》第四十二条对其进行处罚。

《海域使用管理法》第四十二条规定，“未经批准或者骗取批准，非

法占用海域的，责令退还非法占用的海域，恢复海域原状，并处非法占用海域期间内该海域面积应缴纳的海域使用金5倍以上15倍以下的罚款；对未经批准或者骗取批准，进行围海、填海活动的，并处非法占用海域期间内该海域面积应缴纳的海域使用金10倍以上20倍以下的罚款”。

对未经批准或者骗取批准，进行围海、填海活动的，除了也要由县级以上海洋行政主管部门对违法行为人处以责令退还非法占用的海域，恢复海域原状，没收违法所得处罚外，还要对违法行为人处以非法占用海域期间内该海域面积应缴纳的海域使用金10倍以上20倍以下的罚款。对非法进行填海、围海的行为规定较重的处罚，是因为填海、围海活动会对海域的自然形状、环境、功能等属性产生直接的影响，因此，国家对填海、围海活动进行严格的限制，进行填海、围海活动前必须进行开发规划和科学论证。根据本法规定，一些面积较大的填海、围海项目要经国务院审批后才可进行。非法的填海、围海活动由于未经过有效的审查，无法保证填海、围海的科学性以及是否符合本地区的海洋功能区划，甚至会改变海域的自然属性和破坏近岸海洋的生态环境，造成海洋资源的极大浪费。

7.2.3 海域使用权期满，未办理有关手续仍继续使用海域的行为及其法律责任

《海域使用管理法》第二十六条规定，“海域使用权期限届满，海域使用权人需要继续使用海域的，应当至迟于期限届满前2个月向原批准用海的人民政府申请续期。除根据公共利益或者国家安全需要收回海域使用权的外，原批准用海的人民政府应当批准续期。准予续期的，海域使用权人应当依法缴纳续期的海域使用金”。

海域使用权是有期限的，自准予登记之日起，至终止日期为海域使用权期限。海域使用权期满，未办理有关手续仍继续使用海域的行为，违反了《海域使用管理法》第二十六条规定，海洋行政主管部门依据《海域使用管理法》第四十五条对其进行处罚。

《海域使用管理法》第四十五条规定，“违反本法第二十六条规定，海域使用权期满，未办理有关手续仍继续使用海域的，责令限期办理，可以并处 1 万元以下的罚款；拒不办理的，以非法占用海域论处”。

在海域使用权期满后没有办理有关手续仍继续使用海域的，应由县级以上海洋行政主管部门责令其限期办理申请手续。在对违法行为人作出上述处罚的同时，海洋行政主管部门可以作出罚款的决定，罚款的幅度为 1 万元以下。罚款不是一种必须实施的处罚措施，是否对违法行为人处以罚款由县级以上人民政府海洋行政主管部门根据具体情况决定；违法行为人收到海洋行政主管部门责令限期办理的通知后仍拒不办理的，则以非法占用海域论处，按照《海域使用管理法》第四十二条规定进行处理。

7.2.4　擅自改变海域用途的行为及其法律责任

《海域使用管理法》第二十八条规定，“海域使用权人不得擅自改变经批准的海域用途；确需改变的，应当在符合海洋功能区划的前提下，报原批准用海的人民政府批准”。

海域使用权登记过程对经批准的海域用途进行了登记。擅自改变经批准的海域用途的行为，违反了《海域使用管理法》第二十八条规定，海洋行政主管部门依据《海域使用管理法》第四十六条对其进行处罚。

第四十六条：“违反本法第二十八条规定，擅自改变海域用途的，责令限期改正，没收违法所得，并处非法改变海域用途的期间内该海域面积应缴纳的海域使用金 5 倍以上 15 倍以下的罚款；对拒不改正的，由颁发海域使用权证书的人民政府注销海域使用权证书，收回海域使用权。”

应当注意是，根据第四十六条规定做出注销海域使用权证书、收回海域使用权处罚决定的行政机关，是颁发该海域使用权证书的人民政府。

7.2.5 海域使用权终止，原海域使用权人不按规定拆除用海设施和构筑物的行为及其法律责任

《海域使用管理法》第二十九条第二款规定，“海域使用权终止后，原海域使用权人应当拆除可能造成海洋环境污染或者影响其他用海项目的用海设施和构筑物”。

海域使用权终止后，原海域使用权人应当拆除可能造成海洋环境污染或者影响其他用海项目的用海设施和构筑物。

海域使用权终止，原海域使用权人不按规定拆除用海设施和构筑物的行为，违反了《海域使用管理法》第二十九条第二款规定，海洋行政主管部门依据《海域使用管理法》第四十七条对其进行处罚。

《海域使用管理法》第四十七条规定，“违反本法第二十九条第二款规定，海域使用权终止，原海域使用权人不按规定拆除用海设施和构筑物的，责令限期拆除；逾期拒不拆除的，处5万元以下的罚款，并由县级以上人民政府海洋行政主管部门委托有关单位代为拆除，所需费用由原海域使用权人承担”。

对违法行为人应当首先给予责令限期拆除的处罚，违法行为人如果拆除了其违法用海设施和构筑物的，就不能给予罚款的处罚。违法行为人逾期拒不拆除的，才应给予罚款和行政代执行。也就是说实施罚款处罚和行政代执行的前提是当事人逾期拒不拆除其违法用海设施和构筑物。

7.2.6 不按期缴纳海域使用金的行为及其行政责任

《海域使用管理法》第三十三条第二款规定，“单位和个人使用海域，应当按照国务院的规定缴纳海域使用金。海域使用金应当按照国务院的规定上缴财政”。

按年度逐年缴纳海域使用金的海域使用权人不按期缴纳海域使用金的行为，违反了《海域使用管理法》第三十三条第二款规定，海洋行政主

管部门依据《海域使用管理法》第四十八条对其进行处罚。

《海域使用管理法》第四十八条规定，“违反本法规定，按年度逐年缴纳海域使用金的海域使用权人不按期缴纳海域使用金的，限期缴纳；在限期内仍拒不缴纳的，由颁发海域使用权证书的人民政府注销海域使用权证书，收回海域使用权”。

限期缴纳，即由县级以上人民政府海洋行政主管部门向违法行为人发出通知，以行政命令的方式责令其在一定的期限内缴纳欠缴的海域使用金。违法行为人在接到限期缴纳的通知后，应当在规定的期限内缴纳欠缴的海域使用金。

注销海域使用权证书、收回海域使用权，要由颁发海域使用权证书的人民政府注销登记和有关证书，收回海域使用权，行政处罚实施机关是颁发海域使用权证书的人民政府。

7.2.7　拒不接受海洋行政主管部门的监督检查，不如实反映情况或者不提供有关资料的行为及其行政责任

《海域使用管理法》第四十条第二款规定，“有关单位和个人对海洋行政主管部门的监督检查应当予以配合，不得拒绝、妨碍监督检查人员依法执行公务”。

县级以上人民政府海洋行政主管部门负责海域使用的监督管理，有权对本辖区范围内的海域使用情况进行监督检查。被检查者应当自觉履行《海域使用管理法》的有关规定，配合海洋行政主管部门的监督检查，并如实反映情况和提供有关资料。

拒不接受海洋行政主管部门的监督检查，不如实反映情况或者不提供有关资料的行为，违反了《海域使用管理法》第四十条第二款规定，海洋行政主管部门依据《海域使用管理法》第四十九条对其进行处罚。

《海域使用管理法》第四十九条规定，“违反本法规定，拒不接受海洋行政主管部门的监督检查，不如实反映情况或者不提供有关资料的违法

行为，由县级以上人民政府海洋行政主管部门责令限期改正，给予警告，可以并处 2 万元以下的罚款”。

警告是一种较轻的处罚措施，是一种既有教育性质又有强制性质的处罚形式，其目的主要是对违法行为人给予批评教育，敦促其改正违法行为。警告一般应当采取书面形式。另外，需要注意的是，本条规定的罚款是一种并罚的行政处罚措施，不能单独适用，而是由县级以上人民政府海洋行政主管部门根据违法行为的性质、情节和造成的后果等具体情况，在作出责令限期改正、给予警告处罚的同时，决定是否给予罚款的处罚。

思考题：

1. 行政相对人海域使用违法行为有哪些？
2. 熟悉各类违法行为的法律责任。

8　海域使用案件调查取证

8.1　海域使用案件调查取证的基本要求

海洋行政执法人员在进行海域使用调查取证时，应当严格遵守《行政处罚法》、《海洋行政处罚实施办法》、《海洋行政执法调查取证工作规则》以及海洋管理法律、法规和规章规定的基本程序。海洋行政处罚中对调查取证工作的基本要求包括以下几个方面：

（1）调查行为全面、客观、公正

全面，是指凡是与案件有关的事实和证据，都应当进行调查、收集；这种全面性要求表现在，对当事人不利和有利的双方面证据都应该去调查、收集。客观，就是指不是从执法人员的主观出发，而是一切从实际出发，从事情的本来面目出发，要防止主观臆断。公正，指不编造、不隐瞒，不歪曲、不偏倚。

（2）调查人员不得少于两人

《行政处罚法》第三十七条规定，行政机关在调查或进行检查时，执法人员不得少于2人。少于2人即为程序违法，其调查或检查行为无效。在整个案件调查过程中，执法人员实施各种行政措施或行为时，一般以同步制作海洋行政执法法律文书为主要形式，在这些文书上都有被调查人员、案件承办人员的签名栏。因此，2名以上的案件承办人员各自亲笔签名，是制作这些执法文书的规范有效的做法，同时这也意味着这一行为的标准、合法、有效。

（3）调查人员必须出示有效执法证件，表明身份

调查人员应当持有并出示合法有效的执法证件。出示证件、表明公务身份是对行政相对人开始进行调查的必要起始程序，《行政处罚法》和《海洋行政处罚实施办法》对此有明确规定。《海域使用管理法》第四十条也规定，海域使用管理监督检查人员履行监督检查职责时，应当出示有效执法证件。

（4）全程制作笔录

笔录是行政执法过程的真实写照，是收集和固定证据的重要手段和方法。在调查取证过程中，争取将一切行为以及获得的信息制作成笔录，记录在案，方能有迹可寻。行政程序中形成的各类笔录，一旦提交到人民法院即转化为诉讼证据，成为证明行政行为合法与否的重要证据。因此，调查人员应当依照法律规定的程序和要求制作好、保存好笔录。笔录的证据效力取决于笔录时间、地点等各要素的完备以及行政相对人、调查人员双方的签名确认。

（5）按照规定实行回避

《行政处罚法》第七条规定，执法人员与当事人有直接利害关系的，应当回避。所谓直接利害关系包括：执法人员同时就是案件当事人；执法人员是当事人的近亲属；执法人员与当事人有特殊的利害关系，如感情方面或物质利益方面。回避可由执法人员自己提出，也可由当事人申请。办案人员如认为自己与本案有利害关系，应当申请回避，但在申请未批准之前不能停止办案。案件承办人的回避，由海监机构主管领导决定。主管领导的回避，由海洋行政机关领导决定。

8.2 海域使用案件调查取证措施

根据《行政处罚法》、《海洋行政处罚实施办法》、《海洋行政执法调查取证工作规则》的有关规定，海洋行政执法人员在海域使用案件调查取

证中可采取以下措施：

（1）要求当事人和有关人员提供与海域使用申请、审批、实际使用情况有关的证书、文件和资料

向当事人调取书证、物证时必须制作《提取证据材料登记表》，标明取证部门、取证时间、证据材料的被编序号、名称、页件、数量等，提取人和被提取人均须签字或盖章。对于抽样提取或先行登记保存证据的，一定要有当事人在场，当事人不在场或拒绝到场的，海洋行政执法人员可以邀请有关人员到场作证。

（2）向当事人和有关人员询问有关海域使用情况，要求其作出相关说明，包括陈述、申辩

海洋行政执法人员进行询问时不得少于2人。询问地点可以在行政执法机关，也可在当事人单位或住所。询问原则上应在工作时间进行，每次询问的时间不宜太长。询问前案件承办人员应当尽量了解案情，理清现有证据，拟定询问提纲。询问提纲的内容包括：本次询问的目的和要查清的问题，提问的先后及提问方式，可能遇到的问题和困难及其相应对策与措施等。询问之前应将询问的时间、地点以及拒绝询问的法律后果告知被询问人。

询问的方式与步骤：首先，海洋行政执法人员向被询问人出示有关证件和文件。其次，告知其法定的权利和义务及违反义务的法律后果。第三，应当问明被询问人姓名、年龄、身份证号、工作单位、职务、联系地址及电话等。第四，询问其是否实施了违法用海行为。如承认，即可让其陈述事实经过和具体情节；如否认，则应听其进行辩解。而后就不清楚、不全面或矛盾的地方向其提问。制作《询问笔录》时，海洋行政执法人员应当将询问的详细过程、询问人员的提问、被询问人的陈述或辩解如实地记录清楚。笔录应用能够长期保存的黑色或蓝黑色墨水、工具书写。笔录应交被询问人核对或向其宣读，如有差错或遗漏，应告知被询问人有权补充或修改。被询问人核对确认后注明“情况属实”，并在笔录每个页面

上签名或盖章。询问人员同时署名或盖章，再注明日期。

询问中应注意的问题。与本案无关的问题不得提问，被询问人有权拒绝回答与本案无关的提问；询问不满 18 周岁的未成年人，应通知其监护人到场；询问聋、哑人应有通晓哑语的人参加；询问外国人应指定翻译人员；禁止暴力逼迫、威胁、引诱、欺骗等非法手段获取证据；询问应个别进行；询问证人应注意尊重对方人格，不以执法者自居，注意询问用语和谈话气氛，不随意打断其陈述；注意保障被询问人人身、财产安全，为证人保密，并注意防止发生意外事件。

（3）进入当事人占用的海域进行现场检查、勘查、取证、摄像、拍照等

进行现场检查的，应制作《现场笔录》，对现场发生的情况和检查结果如时间、地点、人物、正在实施的行为或正在实施的违法用海行为、事件、现场的物质环境、状态等进行描述、记录。《现场笔录》必须由被检查人或见证人签署意见，签字或盖章。需要特别预先通知行政相对人，并要求其给予积极配合的，可以在检查前向行政相对人送达《检查通知书》，通知其检查内容、检查时间、检查人员，并要求其配合检查。

现场勘验其实质是现场检查的一种特别形式，或者说是特别化的、专门化的、技术化的一种现场检查方式；所形成的《勘验笔录》也只是现场笔录的一种特别类型，勘验必须严格遵循现场检查的法定程序，笔录本身也必须完全具备与《现场笔录》同样的法定形式要件。

现场照相和录像，具有即时固定，快速便捷，大面积、大范围、全方位等优点，在海洋违法案件查处中值得积极运用。在实务操作中，应注意保存原始载体，注明制作方法、时间、制作人和制作目的，同时注意和其他证据相互衔接和相互印证。这种调查方式主动性很强，可以对当事人的言行、外在表现进行录音、照相和摄像。在现场检查、现场勘验、调查询问过程中，如当事人、证人不予配合，不愿签字作证，这时通过录音、照相和摄像可以进行证据固定或为其他证据提供印证和佐证，但偷拍偷录窃

听的音像资料不能作为有效力的行政证据和诉讼证据。这种调查取证方式一般获得“视听资料”。视听资料应当注明制作方法、制作时间、制作人和证明对象。声音资料应当附有该声音内容的文字记录。

（4）责令当事人停止正在进行的违法用海行为，接受调查处理

《责令停止违法行为通知书》是海洋行政机关要求正在进行海洋违法行为的当事人停止违法行为时使用的命令性外部法律文书。制作《责令停止违法行为通知书》需注意以下事项：

①对违法行为的时间、地点、内容的描述应清晰、准确。如违法行为持续一个阶段的，应写明起止时间。

②责令停止的命令应准确，仅针对海洋违法行为，避免责令停止内容模糊或扩大化。

③引用责令停止违法行为的法律依据时，应写明具体条款项目。

（5）法律、法规、规章规定的其他措施

8.3　海域使用案件调查取证内容

8.3.1　海域使用案件一般调查取证内容

根据海域使用案件案情需要，可提取以下主要证据材料：

（1）书证

当事人的身份证明、受委托人的身份证明及授权委托书，或有关海域使用申请、审批文件，有关当事人占用海域的书面材料等。书证如为原件的复印件，则注明“与原件无误”字样，并请提供者签名或加盖公章（骑缝章）。

（2）物证

海域使用施工作业的机械、设备，用海的设施、设备，围海、填海等向海域投放的填充物样品等。

（3）视听材料

收集能真实反映用海和相关活动时间及其情况的照片、摄像资料以及录音资料等。视听材料应能真实、全面反映被检查的地点、人物、检查时间和检查程序；反映证人证言和当事人的言辞陈述；反映用海的方式、规模、附近海域的海洋环境、被用海域所处地理环境；记录相关作业活动、海上设施和构筑物；反映违法用海面积测量全过程，重点记录作业地点定位、界定海陆分界线、拐点定桩、封存及确认过程等；反映相关样品的提取、封存过程及运输条件等。

（4）证人证言

对非当事人所了解的，能直接或间接证明违法用海事实的情况进行调查询问并做笔录。内容包括项目用海情况、与用海活动相关的其他涉海活动、海域使用金的缴纳、海上设施和构筑物等情况。

（5）当事人的陈述、申辩

对当事人就涉嫌违法用海事实进行调查询问并做笔录，内容包括当事人的申请（实际、批准）用海日期、申请（实际、批准）用海期限、申请（实际、批准）用海类型、申请（实际、批准）用海面积、与用海活动相关的其他涉海活动、海域使用金的缴纳、海上设施和构筑物等情况。

（6）勘验笔录和现场笔录

在现场检查时，对用海现场情况做现场笔录。包括时间、地点、行为人、行为方式、使用工具、行为情节和后果以及与之相关联的海洋和气象等要素。必须有2名以上海洋监察人员和行政相对人或现场见证人签名确认。

对涉嫌违法使用的海域面积进行测量时，需海洋监察人员、测量人员、行政相对人或施工单位代表，三方同时在场。界定海陆基线需行政相对人或施工单位代表指定、定桩，在拐点处需三方确认，并将此过程写入勘验笔录。

（7）鉴定结论

涉嫌违法用海面积的确定，需委托具有测绘甲、乙、丙级资质证书且其上业务范围注明“海域界线测量”的单位进行测量并出具鉴定结论。

对能证明违法用海事实的样品，需委托有鉴定资质的单位进行提取鉴定并出具鉴定结论。例如委托有测量分析资质的单位在海洋渔业水域、海上自然保护区、珍稀濒危海洋生物保护区、盐田区、水产养殖区和海水浴场、滨海风景区、旅游区附近的温排水口及海上拆船用海海域、排污口进行水质等的采样并出具鉴定结论。

8.3.2　各类海域使用违法行为调查取证内容

除上述海域使用案件调查取证一般应提取的证据材料外，针对各类海域使用违法行为还可视情收集以下证据材料：

（1）对未经批准或者骗取批准，非法占用海域的、未经批准或者骗取批准，进行围海、填海活动的、海域使用权期满，未办理有关手续仍继续使用海域的和擅自改变海域用途的违法行为，可视情收集：

①用海工程概况证据材料。包括用海工程立项批文、招标合同书，施工单位中标文件、施工合同书，监理合同书，开竣工报告，施工记录、监理日志，施工和监理单位的企业法人营业执照、项目经理的身份证明材料等，反映当事人及其占用海域情况的证据材料。

②海域使用的申请、审核、批准证据材料，包括海域使用申请书（或续期、变更申请）、海域使用论证材料、环境影响、评价材料，海域使用权证（临时海域使用权证）等海域使用审核、批准等证据材料。

③海域使用基础证据材料，用海的界址、面积及总平面图，所在区域的海洋功能区划及图件、海岸线界址及图件等。海域使用金征收标准等证据材料。

④有资质单位出具的鉴定结论，包括当事人已占用海域的界址、面积、用途和类型等。

⑤海域使用权人履行海域使用法定义务情况、海域使用违法所得情况等证据材料。

（2）对海域使用权终止，原海域使用权人不按规定拆除用海设施和构筑物的违法行为，可视情收集：

①海域使用权终止的证据材料。

②有资质单位出具的鉴定结论，说明用海设施和构筑物可能造成海洋环境污染或者影响其他项目用海。

③责令限期拆除用海设施和构筑物的通知书、告知书等。

（3）对拒不接受海域使用监督检查、不如实反映有关情况或者不提供有关资料的违法行为，可视情收集：

①拒不接受海域使用监督检查的证人证言、现场笔录、视听资料等。

②当事人提供的海域使用虚假信息、材料、资料等。

③暴力抗法的证人证言、视听资料、法医鉴定报告等。

8.4 证据的保全和保管

海洋行政处罚中的调查取证保障措施，是指海洋行政主管部门及其所属的海监机构为保证顺利完成调查任务，而依法采取的证据保全措施和强制措施的总称。

8.4.1 证据先行登记保存

（1）概念

证据先行登记保存，是在证据可能灭失或者以后难以取得的情况下，采取的一种证据保全措施。实践中，海洋行政违法案件证据的灭失或以后难以取得的可能性尤为突出，如不及时对证据进行固定和保全，将使调查和处罚丧失事实基础，无法继续进行。

（2）条件

根据《行政处罚法》第三十七条规定，对证据进行先行登记保存应具备两个条件：第一，证据可能灭失。如变质、腐败、死亡、毁灭、漂散、现场消失或变化等。第二，以后难以取得。如船舶驶离、带出国外、海水湮灭、当事人转移、隐藏、改造成新物等，以后再去取证则难度大、成本过高、不经济、无效率。

（3）程序

实施证据先行登记保存应遵守以下程序：第一，海洋行政执法人员向所在机关申请，如遇海上紧急情况可以通讯方式申请；负责人审查必要性和紧迫性并批准。第二，先行登记保存证据的，还应当制作《先行登记保存证据通知书》，送达当事人。第三，证据保全可将证据封存于一定地点，责令当事人或有关人员妥善保管，也可由海洋行政执法人员将证据提取带走。第四，对证据实施保全时，应登记造册。第五，先行登记保存证据后，7 日内（在海上应当自船舶抵岸之日起算）应作出处理决定，对保全的证据采取解除措施或归还。在登记保存期间内，当事人或海洋行政执法人员不得销毁或转移证据。

（4）方法

海洋行政执法人员采取证据保全措施，需要根据不同的情况、不同的证据特点，可采用不同的方法。借鉴人民法院保全证据的做法，可以根据具体情况，采取录音、拍照、录像、复制、鉴定、勘验、制作《询问笔录》等保全措施。海洋行政执法人员进行证据保全，可采用行政处罚法和相关海洋法律、法规规章规定的具体方法。

（5）保全证据应注意的事项

对证据先行登记保存，应当有当事人在场。当事人不在场或者拒绝到场的，海洋行政执法人员可以邀请有关人员到场见证并记入笔录。对责令他人保管的物证的品种、数量一定要有交接记录或手续，由相关人员署名签证。对已登记保存的证据可以封条等明显标志公示，以免不知者误损证据。有关证据保全期限要注意法律适用问题，如单行法律另有期限的规定，应按特别法优于一般法的原则适用特别法规定的期限。行政法规、规章及其他规范性文件另行规定不同保全期限的，与《行政处罚法》抵触者无效。

8.4.2 对已获取证据的保管

对已获取证据的保管，实际上是保护证据在行政执法和行政复议、诉讼活动中的特有价值。一是保护证据的特定价值，防止证据的灭失和替换。二是保护证据的证明价值。证据的证明价值由其特征、内容、状态等属性决定。如果某证据已经变质、损坏，或其属性已发生变化，就不再具有证据的证明价值。三是保护证据的法律价值。法律对证据材料保管过程的要求，就是要求定案使用的证据确属本案原始提取的证据。因此，对证据的保管应注意：

（1）加强对证据的物理性、化学性保护，保证质量，防止损毁和灭失；

（2）健全、严格证据的移交、保管手续；

（3）制作证据标签或档案。注明案件名称及编号，提取日期和场所，提取人的姓名，主要特征等相关内容；

（4）物证在收集后任何人不得使用，改换、损坏或自行处理；

（5）及时立卷归档和入库保管，实行证随案走、统一管理。

思考题：

1. 海域使用案件调查取证可以采取哪些措施？哪项措施主要用于提取书证？采取该措施有哪些注意事项？

2. 对未经批准或者骗取批准，进行围海、填海活动的违法行为调查取证应提取哪些类型的证据材料？具体包括什么内容？

9　海域使用违法案件常见问题分析

9.1　海域使用违法案件的违法主体认定

在海域使用违法案件中，正确认定违法主体是正确实施行政处罚的关键。在执法实践中，海监机构一般认定最终占用海域的用海项目建设单位为违法主体，对直接实施建设行为的施工单位则不予追究，但在某些用海项目中，也存在施工单位因为自身的需要，在建设单位没有要求的情况下实施某些用海行为（如因施工需要填海修建施工便道）。为了理清违法用海活动参与者之间的关系和责任，我们可以对海洋行政违法主体做不同的分类。

9.1.1　直接违法主体与间接违法主体

直接违法主体是指直接实施海洋行政违法行为的单位或个人。间接违法主体通常是指自身并不直接参与实施海洋行政违法行为，但间接违反了海洋行政法律法规并构成行政违法。例如：明知自己没有海域使用权而向他人发包围填海工程的行为；明知自己没有海域使用权正而向他人出租海域供他人养殖的行为；明知自己没有海域使用权命令或指使他人围填海的行为等。

分清直接违法主体、间接违法主体，有利于界定是一人违法还是多人违法，是单独违法，还是共同违法。对于此种违法行为实施行政处罚的原则是："一人违法一人当，多人违法共处罚。"

9.1.2 作为的违法主体与不作为的违法主体

在海域使用违法案件中积极实施海洋行政违法行为的是作为的违法主体，消极不履行法律义务者是不作为的违法主体。例如：甲管委会在没有办理海域使用权证书的情况下即与乙签订填海合同。乙根据合同实施了违法填海行为。其中，实施填海行为的乙是作为的违法主体；发包方甲依法应当办理海域使用权证书而没有办理，属于不作为的违法主体。对此类海域使用违法行为可处罚不作为的违法主体，即甲管委会。

区分作为的违法主体与不作为的违法主体的意义在于：有利于明确海域使用违法行为的不同表现形式，进而准确界定真正的违法用海主体。

9.1.3 有合意的违法主体与无合意的违法主体

在一个海域使用违法案件中，违法行为人之间事先以口头或书面形式协商并形成一致意见的为有合意的违法主体。事先没有商议但事后共同获取违法收益的属于无合意的违法主体。例如：甲发电厂与乙建设集团签订填海施工合同，乙建设集团为扩大工程量挣取更多施工费用，擅自超过批准的填海范围实施填海行为。甲发电厂验收时发现了超批准范围填海的情况，仍然通过验收接收了超批准范围填海的工程。此案就属于典型的事前无合意的违法主体。

理论上作此区分的意义在于：有利于防止遗漏事先无合意的违法行为主体。对此类海域使用违法行为的处罚原则可以适用共同处罚的原则。

9.1.4 有隶属关系的违法主体与无隶属关系的违法主体

无隶属关系的违法主体是指违法主体之间没有行政的隶属关系，而有隶属关系的违法主体则指违法主体之间存在行政上的隶属关系。

此种分类的意义是：可以依据职务委托原理确定一个标准。即凡存在职务委托关系的，违法行为后果由管辖的组织承担。

简言之，确定海域使用违法主体应遵循“谁行为、谁违法、谁担责”的简明规则。应注意的是职务行为违法应视为单位或组织违法而非具体行为人的违法，法律责任由行为人所属的组织或单位承担。

9.2　非法占用海域进行填海行为追溯期

在非法占用海域进行填海行政处罚案件中，经常出现非法填海行为发生超过 2 年才被海监机构发现，进而立案查处的情况，甚至是非法填海行为发生在《海域使用管理法》颁布实施之前，海监机构在《海域使用管理法》颁布实施之后才对该行为进行立案查处。对于此类违法行为实施行政处罚是否违反了《行政处罚法》的相关规定？适用《海域使用管理法》第四十二条对此类违法行为实施行政处罚是否合法合理？我们从以下几方面来分析。

9.2.1　非法占用海域行为追罚时效

（1）“2 年内未被发现”则不予处罚吗

根据《行政处罚法》第二十九条规定，除法律另有规定外，行政违法行为在 2 年内未被发现的，不再给予行政处罚。注意，并不是违法行为只要经过了 2 年就不得处罚，法律规定的是“未被发现”。在实务中，以下情形均可视为已被发现：行政机关受理了举报，行政机关已经立案，行政机关应当立案而没有立案，行政机关查而未决的案件。

（2）2 年时效何时开始起算

《行政处罚法》规定了两种情形：一般情况下，“从违法行为发生之日起计算”。一般认为“发生之日”包括违法行为实施之日，违法结果发生之日。另一种情形是，违法行为又连续或者继续状态的，从行为终了之日起计算。所谓连续状态，是指行为人连续实施数个同一种类的违法行为。如 1 个月内，每天都在非法开采海砂。所谓继续状态，则指一个违法行为在时间上的延续。如围海、填海工程需要一段时间连续作业才能完成。所谓终了，即违法行为结束之日。那么，是不是围填海工程完工之日其违法行为就算结束或终了呢？要回答这个问题，必须明确接下来的第二个问题。

9.2.2 《海域使用管理法》第四十二条分析

如果只是针对围填海行为处罚，则围填海工程完工之日，无疑就是非法围填海行为终了之时，从此开始计算2年的追罚时效并不为错。但无论从立法原意、法条规定、还是法理分析，都得不出只是处罚围填海行为的结论。

（1）从立法原意上考量

《海域使用管理法》第一条开宗明义，制定本法的目的是为了加强海域使用管理，维护国家海域所有权和海域使用权人的合法权益，促进海域的合理开发利用。显然，该法规范的是海域管理、海域所有和海域使用三个法律关系。所保护的客体即为海域管理制度、海域所有权和海域使用权。那么非法围填海行为侵害的客体显然不是单一的，则处罚也就不可能是单一的。

（2）从《海域使用管理法》第四十二条的规定考量

我们可以把本法条如此简述："对未经批准或者骗取批准，进行围海、填海活动的，责令退还非法占用的海域，恢复海域原状，没收违法所得，并处非法占用海域期间内该海域面积应缴纳的海域使用金10倍以上20倍以下的罚款。"需要注意两点：

①"并处"

所谓并处，即与其他措施一并处罚。那么，本案于什么并处呢？很明显，是与"退还、恢复、没收"此三项措施并处。在此，非法围填的海域仍表述为"非法占用的海域"。

②"罚款的计算期限"

此处规定的是"非法占用海域期间"，而不是"非法围填海期间"。

显然，主张以围填海工程结束之日作为追罚时效的起算日期，与法条规定南辕北辙。同时我们还可以清楚地看出，立法首先考虑的是解决“占用”问题。“围填”行为只不过作为“占用”行为提高罚款标准的加重情节来设计的。

（3）从非法占用海域行为的性质来分析

法理上对违法行为有行为犯和状态犯之分。有的处罚只针对行为，如盗窃犯，其盗窃行为终了之后，非法占有他人财物的违法状态依然存在，法律只处罚他的偷窃行为，而偷窃的财务只是作为量罚的标准。另有的处罚更侧重针对状态。最典型的就是继续犯。继续犯的主要特征是：违法行为和不法状态同时存续。如前所述，非法占用海域就属继续状态的行政违法行为。即占用海域的行为（不论以何种方式占用）与海域被占用的非法状态同时存在。在非法占用海域进行填海案件中，填海行为即便已经结束，但占用海域的违法行为和海域被占用的非法状态依然继续存在。所以，在海域没有恢复原状（没有退还）之前不能认为违法行为已经终了。也不能将围填海域与占用海域作为两个违法行为来看待，在法律上它只是一个行为，一个始终没有终了的占用海域行为。

综上所述，非法占用海域进行填海的违法行为的追溯期不以填海行为终结之日为起算日期，在海域被占用的非法状态未终结前（即非法用海者一直在排他性使用该海域），占用海域的违法行为一直存续，海监机构可对非法占用海域行为立案查处。

9.3　“河口海域”的行政执法

河口海域，亦称入海口区域，为河流与海洋的交汇处。辽宁出版社《海洋大辞典》对入海口的解释为“河流与海洋的结合地段，既包括受到海洋因素影响的河流下段，也包括受到河流因素影响的滨海地段，其上界在潮汐或增水引起的水位变化影响消失的某个断面，下界在由河流入海泥沙形成的沿岸浅滩的外边界”。

河口海域所处地理位置特殊，往往是经济发展的中心地带，各类用海建设项目众多，由于该区域存在行政管理职权交错的现状，曾出现某些用海建设项目以水行政主管部门的行政审批代替海洋行政主管部门的行政审批，非法占用海域的案件，进而引出该区域的管辖权争议。下面以珠江口海域为例，分析“河口海域”是否应纳入《海域使用管理法》调整范围。

9.3.1 珠江口海域管理问题争议起源

珠江口海域管理问题的争议，归结起来主要源于两个地方性法律、法规的执行。一个是2001年1月广东省人大出台的《广东省河口滩涂管理条例》，将河口海域滩涂围垦和整治纳入水利部门管辖范畴，其地理范围包括了珠江流域八大入海口门和整个万山群岛及其附近海域。另一个是2005年1月广东省人大出台的《广东省河道采砂管理条例》，把河道延伸区域的采砂许可权确定由水行政主管部门行使。以上两个地方性法规的出台，又是源于水利部《珠江河口管理办法》的有关规定，为保障河道行洪纳潮安全而制定的。如此就形成了在具体执行法律的过程中，两个条例与《海域使用管理法》在管理的地理范围上出现交叉重叠。海洋行政主管部门和水行政主管部门都可以且必须依照相关法律、法规针对不同的开发、利用行为和活动开展用海审批。再加上目前对河流入海口的河海界限一直没有各方认可的、统一的划分标准，致使珠江口海域管理矛盾更为复杂、突出。

根据现行法律和已有实践，水利部门从防洪目的出发，划定珠江口八大口门及其延伸区为防洪重点地区，履行水行政主管部门职责是极其必要的；海洋行政主管部门根据国务院批复的全国海洋功能区划，按照《海域使用管理法》等有关法律、法规的规定加强对珠江口海域使用和海洋开发管理，也是国家赋予的职责，两者职能各有分工，各有侧重，并不互相取代，也不能互相排斥。《珠江河口管理办法》等水利法规是调整水资源开发利用中的活动和行为与防止水害的管理关系，目的在于减轻洪涝灾害，保全人类的生命和财产；《海域使用管理法》属于海域空间资源的物权法律范畴，规范的是海域使用权获得和转移的原则和过程，调整的是国家与海域使用者之间、海域使用者相互之间的权利与义务关系。

按照相关法律、法规规定，海洋行政主管部门和财政部门代表国家行使国有海洋资源权属管理和资产收益征收，水行政主管部门则代表国家行使水行业行政管理和行政收费。两者在管理手段、管理层次和收益分配上都有区别。

2005 年 7 月全国人大环境资源保护委员会组成 3 个检查调研组对广东、浙江和山东三省贯彻实施《海域使用管理法》的有关情况进行了检查。8 月全国人大环资委向全国人大常委会提交调研报告，报告对河口海域管理中存在的问题提出以下建议：

在管理中地理范围的交叉重叠，并不意味着法律制度的冲突和职能的对立。在法律关系上，海洋行政主管部门和财政部门代表国家行使国有海洋资源权属管理和资产收益征收，水利行政主管部门则代表国家行使水行业行政管理。两者职能各有分工，不能互相取代，互相排斥。两部门应协调好工作关系，形成各自依法履行职责、共同监督管理的机制。

9.3.2　相关法律、法规效力等级分析

前文中已经分析指出，珠江口海域管理问题涉及的四个法律、法规：《海域使用管理法》、《广东省河口滩涂管理条例》、《广东省河道采砂管理条例》和《珠江河口管理办法》，在基本原则上并不冲突。假设这四部法律法规在某些具体条款上真的存在冲突，笔者认为可以依照《中华人民共和国立法法》(以下简称《立法法》) 的相关规定来寻找解决的方法。

法律规范的适用规则解决的是法律规范之间发生冲突时如何选择适用的问题。我国法律、法规、规章种类繁多，数量庞大，难免会出现不相一致或相互冲突的情况，使法律适用产生困难。因此，需要明确在发生法律

规范冲突时，应当根据什么规则来确定予以适用的法律规范。《立法法》中明确规定了法律规范的适用规则，其中有：上位法优于下位法。在不同位阶的法律规范发生冲突时，应当选择适用位阶高的法律规范，这就是上位法优于下位法的规则。正确适用这一规则的前提是明确不同规范性文件之间的效力等级。《立法法》对此作出了明确规定：（1）宪法具有最高的法律效力，一切法律、行政法规、地方性法规、自治条例和单行条例、规章都不得与宪法相抵触。（2）法律的效力高于行政法规、地方性法规和规章。（3）行政法规的效力高于地方性法规和规章。（4）地方性法规的效力高于本级和下级地方政府规章。（5）上级政府规章的效力高于下级政府规章。

《海域使用管理法》是全国人大常委会通过的法律，《珠江河口管理办法》是水利部制定的部门规章，《广东省河口滩涂管理条例》和《广东省河道采砂管理条例》是广东省人大制定的地方性法规。根据《立法法》“法律的效力高于行政法规、地方性法规和规章”的规定，假设上述四个法律、法规发生冲突，应优先适用《海域使用管理法》。

思考题：

某公司在未取得海域使用权的情况下填海建设码头并投入使用，3 年后某海监机构发现该公司上述行为，海监机构能否立案查处该公司的违法用海行为？说明理由。

10　案例分析

10.1　某化工股份有限公司擅自改变海域用途行政处罚案

10.1.1　基本案情

被处罚人：某化工股份有限公司

处罚机关：国家海洋局

1986 年，某化工有限公司（以下简称某公司）根据国家有关文件的规定，决定建设储渣场。其中第一储渣场已经按照土地手续办理了土地使用证，第二储渣场于 1993 年建成并投入使用，并办理了海域使用手续。某公司为了给公司的远景发展提供必要的保障，保证公司的可持续发展，经某市海洋局批准于 2001 年 12 月在第二储渣场南侧的滩涂，建立了备用储渣场，批准用途为“排污倾废”。2003 年，该公司决定将备用储渣场改建为第三储渣场。即在原来备用储渣场小埝的基础上，建筑土石围堰，储放碱渣。

2003 年 2 月，某公司向某省海洋局提交第三储渣场的海域使用申请。同年 7 月 26 日，该公司考虑到第三储渣场施工难，工期长，且容易受季节条件的影响，向某省海洋局提交提前施工的申请。7 月底，某市海洋局口头通知该公司可以提前开工。2003 年 8 月 16 日，该公司在未取得第三储渣场海域使用权证书的情况下，开始进行围堰施工。

2003 年 10 月 15 日，中国海监某总队进行执法检查时发现，现场正在进行施工，围堰堤身已经基本完成，已经实现了第二储渣场南边与新建第三储渣场的东、西、南三面围堰封闭合拢。

经委托的有资质的测量单位现场测量，围海面积为 1 071. 01 亩。

10. 1. 2 处理结果

案件调查结束后，中国海监某总队根据《重大海洋违法案件会审工作规则》的要求对该案进行了会审，形成拟处罚意见，并向某公司下达了《行政处罚听证告知书》，2003 年 11 月 18 日，应当事人的要求，某总队按照法定程序举行了案件听证会。

2003 年 12 月 5 日，对某公司作出了行政处罚决定。该处罚决定认为：某公司于 2003 年 8 月 16 日至 2003 年 10 月 15 日，在第三储渣场海域未经批准的情况下擅自改变海域用途进行围海 1 071. 01 亩，该行为违反了《中华人民共和国海域使用管理法》第二十八条的规定，依据《中华人民共和国海域使用管理法》第四十六条规定，决定给予某公司责令限期改正，并处人民币 200 814 元罚款的行政处罚。

10. 1. 3 评析意见

（1）认定本案是未经批准擅自改变海域用途有法律依据

在本案的定性上，存在着是“未经批准擅自进行围、填海”还是“未经批准擅自改变海域用途”的争论。那么本案是属于上述两种情况中的哪一种呢？

根据《中华人民共和国海域使用管理法》（以下简称《海域法》）第二十八条的规定，“海域使用权人不得擅自改变经批准的海域用途；确需改变的，应当在符合海洋功能区划的前提下，报原批准用海的人民政府批准”。从该条规定可以看出，擅自改变海域用途的前提条件必须是已经经过政府批准。那么本案中涉及的这片海域是否已经得到了人民政府的批准呢，根据所提取的证据材料可以看出原该宗用海已经获得海域使用权证书，其用途是“排污倾废”。海域使用权证书是海域使用的法律凭证，不得擅自涂改，不得随意变更。

在本案中，某公司虽然有某市人民政府颁发的海域使用权证书，但是某公司并未按照批准的用途（排污倾废）使用该宗海域，而是将本该用于排污倾废的这宗用海建筑土石围堰，储放碱渣，改变了海域的自然属性。

海域使用权设定后未经法定程序不得随意变更，如确需变更的，根据《海域使用管理法》和《行政许可法》的相关规定，应当报原批准用海的人民政府批准，海域使用权人在批准之日起 10 日内到原批准用海人民政府的海洋行政主管部门办理变更登记手续。这一立法的目的在于维护已经形成的稳定的用海秩序，维护国家海域所有权和海域使用权人的合法权益，只有经过依法登记变更后的该宗用海才能受到法律的保护，才能对抗任何第三人的干涉。

（2）某公司围海施工没有取得海域使用权证书

备用储渣场的海域使用权证书是海域使用者用海的法律凭证，在未取得变更后的海域使用权证书的情况下，该公司自 2002 年 8 月 16 日开始了围海施工，到 2003 年 10 月 15 日某总队对该公司进行检查时，现场施工仍在进行中，但海域使用权证书仍未取得。《海域法》第四条第二款规定，“国家严格管理填海、围海等改变海域自然属性的用海活动”，该法第二十八条同时规定：“海域使用权人不得擅自改变经批准的海域用途”，上述法律条款说明，对改变海域用途进行围海、填海等改变自然属性的用海行为，在取得改变用途后的海域使用权证书后才属于合法行为。

在现场调查中，该公司负责人陈述施工行为得到了有关海洋行政主管部门的口头通知第三储渣场可以提前开工。《海域使用管理法》第十九条规定：“海域使用申请人自领取海域使用权证书之日起，取得海域使用权。”《海域使用管理法》确认了海域使用权登记制度，该制度是海域使用权设立、变更、消灭的基础制度，体现了物权公示和公信原则。该公司虽然递交了变更申请，但是在还未取得原批准用海的人民政府批准的情况下擅自进行围海作业，其行为应被视为非法而受到法律制裁。

（3）本案充分保证了案件的程序公正和实体公正

本案调查结束后，中国海监某总队提出了案件的拟处罚意见，同时根据国家海洋局《重大海洋违法案件会审工作规则》对本案进行了会审。会审会议对本案进行了审议，经过审议认为本案事实清楚、认定违法行为的证据清楚、拟给予的行政处罚适用法律正确、符合法定程序、处罚裁量得当。

《行政处罚法》第三十一条规定，行政机关在作出行政处罚决定之前，应当告知当事人作出行政处罚决定的事实、理由及依据，并告知当事人依法应当享有的权利。这一规定，是一种现代司法理念的体现。现代社会国家公权力高度发达，而且随时都有向外扩张的倾向。在强大的公权力面前，行政相对人处于弱势地位，要有效的控制公权力，就必须在程序上加以规范。司法公正除了实体法律使用公正外，程序公正也是其组成部分。即虽然法律的实体适用没有问题，但是如果适用法律的程序不合法，同样不符合司法公正的要求。

为了保证本案的程序公正和实体公正，2003 年 11 月 14 日，中国海监某总队向某公司下达了《行政处罚听证告知书》，11 月 18 日根据某公司的要求，召开了案件听证会。听证会充分听取了某公司的意见，对该公司提出的事实、理由和证据进行了认真的复核，充分保证了该公司权利的享有，也为行政处罚的顺利进行奠定了基础。

10.1.4 专家点评

本案最具有代表性的问题点是对“擅自改变海域用途与非法围海填海行为”的认定。对一个行政违法行为的认定，也就是对行政违法行为的法律定性，相当于刑法当中的定罪。定性是量罚的前提，定性不准直接导致的后果就是适用法律错误。因此准确界定各种各类非法（违法）用海行为，是保证海洋行政处罚行为合法有效和公正、公平的基础。本案引出的问题是：

用海人的行政违法行为是属于“未经批准进行围海、填海而非法占用海域”，还是“擅自改变海域用途”。从事实上看，用海人将原批准用于“排污倾废”的海域，“建筑土石围堰，储放碱渣”，与原批用途明显有所不同。以《海域法》第二十八条的规定衡量之，可以认定该行为是擅自改变海域用途。

但问题是，相对人可以辩解为：原批用途是“排污倾废”，现用于“储放碱渣”不就是排污倾废的一种形式吗？所以，本案真正的争议是在“倾废”与“围填海”的区别。从外表上看，倾废与围海、填海都是人为地往海域中倾倒固体物，都会发生填堵海域的后果。从行为过程或因果关系上看，倾废是先前行为或原因，填堵海域是继发行为或后果。在立法上我们可以发现，这一事实上属一个过程性、因果性的行为，切分为了两个违法行为。因此，在区分这两个违法行为时就需要有一个理论标准。笔者认为，这个切分标准主要应综合考量二方面：一是主观上，行为人意欲倾废还是围海、填海；客观上则要看倾倒或填堵的程度，也就是违法行为的结果。而判断后果更为主要的是看，倾倒或填堵行为是否较为明显地改变了海域的自然属性。请注意是“较为明显”。因为，倾填行为一旦实施，或多或少都会对海域的原始自然属性或自然性状有所改变。在实务中，通常是以倾填物达到一定的高度，堆积到一定的量，海域改变到一定程度，也就是被填之海的“样态”为判断基准。比如是否已成陆地，是否影响通航或原有使用功能等。

本案中，相对人“建筑土石围堰，储放碱渣”的行为，主观具有围填海的目的，事实上已实施“围堰填海”的行为，也形成了“围海面积 1 071.01 亩”的后果，且明显地“改变了海域的自然属性”，完全符合非法围海、填海行为的构成要件。

那么，是不是两个违法行为都符合行政违法行为的构成要件，就可以或需要分别处罚呢？就本案而言并不必要。因为这在法理上属于法条竞合。在刑法上称为竞合犯，一般采用重罪吸收轻罪的原则，法律适用时采用择一重罪而罚方式解决。本案就是参照这一处罚原则执行的。

10.2 某镇人民政府违法填海行政处罚案

10.2.1 基本案情

被处罚人：某镇人民政府

处罚机关：国家海洋局

某水族馆工程是某县的重点招商引资项目。2001 年 3 月起，该县某镇人民政府以工程业主身份组织实施了水族馆围海造地工程，并于当年完成了三条施工便道的填筑。2002 年《中华人民共和国海域使用管理法》颁布实施后，工程业主某镇人民政府未按照该法的有关规定办理海域使用权证，并继续实施填海工程。经查实，某镇人民政府自 2002 年 1 月 1 日至 2003 年 8 月 15 日，在未取得海域使用权的情况下，擅自占用海域，实施进行水族馆工程填海活动。经测定，填海面积达 65.79 亩。

10.2.2 处理结果

当事人的上述行为违反了《中华人民共和国海域使用管理法》第三条的规定，违法事实清楚，证据确凿。依据《中华人民共和国海域使用管理法》第四十二条、《中华人民共和国行政处罚法》第二十七条第一款第四项和《福建省海域使用金征收管理暂行办法》第六条第一款第一项第一目的规定，对当事人作出“责令退还非法占用的海域，恢复海域原状，并处罚款人民币 50 万元”的行政处罚。

10.2.3 评析意见

评析问题：通过跨法前后填海活动性质的分析，归纳一般违法用海行为的成立要素

《中华人民共和国海域使用管理法》(以下简称《海域法》) 于 2002 年

1月1日起施行，本案是一起典型的跨越《海域法》生效前后的违法案件。如何认定当事人在《海域法》颁布生效前后所进行的填海活动的性质，是处理该类案件的关键所在。

由于本案跨越《海域法》生效前后，因此，必须讨论《海域法》的时间效力问题，即《海域法》对某一时间范围内对象行为的效力问题。根据法不溯及既往的原则，在我国除法律另有规定外，法律对其颁布实施前发生的事实和行为不具有效力，只有这些事实和行为在法律颁布实施后仍然存续的才适用本法规定。《海域法》并未规定该法有溯及力，所以对《海域法》生效以前的违法行为不再予以追究。因此，对于跨越《海域法》生效前后的违法行为期间从2002年1月1日开始起算。

但2002年1月1日之后，违法填海面积的认定却是本案查处中一个难点。一种观点认为，根据法不溯及既往的原则，对于违法面积的认定，应当扣除《海域法》生效之前已完成的填海面积。这种观点，看似合理，实际上并不准确。《海域法》查处的对象是“非法占用海域”的状态，“占用”既包括“使用海域的行为”，也包括“占有海域的事实”。具体而言，对于涉海工程项目，不仅对于施工过程中的非法用海行为应予查处，对工程完工后当事人继续占用海域的事实也应予查处；对于停工项目，由于停工期间海域往往处于“排他性被占有”的状态，所以哪怕当事人没有“使用海域的行为”也应予查处。

故对于法不溯及既往原则的理解，并不是说对于《海域法》生效前已经完成的用海项目事前事后一概不予追究，而是应该一分为二地来看待这个问题：对于《海域法》生效之前的违法行为不予追究，但对于延续到《海域法》生效之后的违法状态仍然应予查处。按照上述理论，对于2002年1月1日之前已经竣工的涉海工程项目，若在《海域法》生效之后当事人仍未办理有关用海凭证而继续占用该海域，海洋行政主管部门即可对其2002年1月1日之后的违法事实作出处罚。在本案中，用于施工的便道12亩是在《海域法》生效前填筑完毕的，但《海域法》生效后包括便道在内的整个填海工程并未依法取得海域使用权，因此在本案违法面积的认定中，似乎不应扣除《海域法》生效之前已完成的填海面积。

但是本案中还必须考虑填海造地活动的特殊性。《海域法》第二条规定了“海域”的确切范围，也就是说自《海域法》生效之日起，海域界限得以明晰，从而对《海域法》的空间效力作了一个明确。本案中 12 亩便道已于《海域法》生效之前填筑完毕，当《海域法》生效之时，依据该法这 12 便道已经不能成其为海域，故不作查处的对象，而应从整个填海工程中予以扣除。这样，经有关资质部门测量，本案违法填海面积最终确定为 65. 79 亩。

当然，除了填海造地以外的其他用海形式，如果同样存在跨越《海域法》生效前后的情况，只要其在《海域法》生效之后仍然保持海域的属性，同时当事人存在 3 个月以上“排他性使用或者占有海域”的事实，那么海洋行政主管部门就可对其进行立案查处。只不过根据法不溯及既往的原则，违法用海期间应当从 2002 年 1 月 1 日开始起算。

综上所述，《海域法》查处的违法用海行为须同时具备三方面的要素：①行为（事实）要素，在未经批准或者骗取批准情况下，当事人具有“排他性占有或者使用海域”的事实；②时间要素，根据《海域法》的时间效力，2002 年 1 月 1 日之后，当事人具有上述违法事实，且该违法事实持续 3 个月以上；③空间要素，根据《海域法》的空间效力，违法初始，事发地应当是本法所指“中华人民共和国海域”。

以上三点是一个违法用海行为成立的最基本要素，也是《海域法》第四十二条蕴含之义。作为一个有机整体，三者缺一不可，只要其中任一要素不符，当事人行为就不能构成《海域法》的查处对象。

10. 2. 4 专家点评

“跨法犯”是一个理论争议较大的问题。所谓“跨法犯”是指，违法或犯罪行为始于新法生效之前而存续于新法生效后，跨越新旧两部法律的情形。其法律适用问题，实质上是法律的溯及力问题。其中有以下问题值得探讨：

（1）“跨法犯”主要针对于继续性或连续性的违法行为

如果违法行为不属于继续状态而是“即时犯”则不存在跨法问题。非法占用海域（包括围填海行为）属于继续性违法行为。并且，《海域法》所调整的用海活动绝大多数都属于“3个月以上”的持续行为。

（2）本案采用了“罚后不罚前”的处理方式

即对《海域法》生效之前的非法占用海域的行为没有进行处罚。其依据的是“法不溯及既往原则”。该理解存在两个问题：

一是“法不溯及既往原则”并不适用本案的情形。该原则，一般只在非跨法案件中适用，即在只有新法而没有旧法的情形下适用。行政法上“公民法无明文禁止均可为，政府法无明文授权不得为”的原则，国家不得适用“事后法”约束公民，《行政处罚法》规定的，“未经公布的（处罚规定），不得作为行政处罚的依据”等原则，都是针对只有一个法律存在的情形下而言的。如果一个行为跨越了新旧两个法律，那就例外了。此时，不是法律“溯及既往”的问题，而是法律选择适用的问题。

二是本案忽视了“老法”的存在。在《海域法》出台之前，国家或地方都已颁布了海域使用管理的法规或规章，已经建立了海域使用行政许可和有偿使用等法律制度。换句话说，在《海域法》没有颁布之前未经行政许可占用海域，同样构成行政违法行为。笔者注意到，评析人一方面认识到非法占用海域属继续状态的行政违法行为，也认识到了该非法占用海域的行为在新法生效之后还处于实施过程之中，尚未终了。但最后将非法填筑的“12亩便道不作查处的对象”，未予以处罚。

（3）由于我国法律对继续犯、连续犯的追罚（诉）期限，采用以行为终了时有效的法律为准，因此，笔者认为对“跨法犯”的法律适用，宜适用新法

事实上，“跨法犯”的法律适用，在理论和实践中存在不同的观点：

第一种观点认为，“跨法犯”涉及新旧法律的适用，应采用“从旧兼从轻”原则解决法律的适用。即原则上适用旧法，只有在新法比旧法处罚较轻的情况下适用新法（此为我国刑法适用原则）。这种观点，事实上是无视新法生效后部分行为应当适用新法的情形。

第二种观点认为，“跨法犯”的行为始于旧法有效期，续于新法生效后。从行为的阶段性来看，应分别适用旧法和新法。这种观点将持续或连续的违法行为主观地划分为两个阶段，实践中必然导致一个案件中的一个违法行为同时适用新旧两部法律的结果，因而也不足取。

第三种观点就是笔者赞同的主张，对“跨法犯”应一概适用新法。在刑法上有个典型的綦江彩虹桥垮塌案。桥是1997年9月30日前建立起来的，玩忽职守、渎职行为已经发生了，但桥的垮塌发生在新《刑法》生效以后，结果适用的是新法，新法处理玩忽职守、渎职比旧法重了许多。其主要依据是最高检的司法解释，该解释规定，跨法的犯罪行为，如果新旧法都认为是犯罪的适用新法，即使新法处罚为重也不例外。但公诉人应当向法庭提出酌情从轻处理的意见。

所以，对“跨法”非法占用海域的行为，一方面我们要适用新法。但在新法较旧法处罚更重时，应当考虑充分体现“有利于受罚人”的原则。

10.3 某港务集团有限公司擅自改变海域用途行政处罚案

10.3.1 基本案情

被处罚人：某港务集团有限公司（简称某港集团）

行政处罚机关：某省海洋局

2003年4月29日，“某港东港区储油罐区扩容改造工程”（简称“储油罐区扩改工程”）由交通部批准立项，属某省重点工程，位于某港东港区已确权的港池内。同年 7 月 1 日，该工程围堰施工开始。围堰横断面底宽 43.5 米，顶宽 5.4 米，同年 12 月 25 日，围堰合拢，完成长度 960 米。2004 年 1 月 26 日，开始利用港池疏浚物进行回填。同年 6 月，回填施工停止，未形成土地。

2003 年 6 月 18 日，某港集团向某省海洋局汇报了“储油罐区扩改工程”等项目的用海计划，形成了《会议纪要》，某省海洋局考虑到当时 SARS 的影响和省政府 SARS 期间省重点建设项目的优惠政策，同意其“在申办海域使用手续的同时”提前开工。此会议纪要于当月 20 日印发。同年 11 月 12 日，该工程的《海域使用可行性论证报告》和《海洋环境影响评价报告》通过了评审。同年 12 月 19 日，某港集团向某省海洋局递交了海域使用申请书。2004 年 4 月 30 日，某省人民政府批准了某港集团的海域使用申请。2004 年 7 月 5 日，某省海洋局向某港集团下发了海域使用权批准通知书，将海域使用期限定为自 2003 年 12 月 19 日至 2053 年 12 月 18 日。截止到 8 月 30 日，由于某港集团向某省海洋局申请减免该工程项目的海域使用金，始终未进行该工程的海域使用权登记，故未取得有效的海域使用权证书。

2004 年 6 月 4—5 日，中国海监某总队和某省总队对“储油罐区扩改工程”进行了联合检查。6 月 23 日，中国海监某总队正式立案。7 月 15 日，中国海监某总队将本案移交给某省总队。7 月 20 日，某省总队召开案情讨论会，决定在中国海监某总队调查取证的基础上重新立案（执法主体变更）。7 月 23—27 日，某省总队进行了补充调查，核实了原有证据，取得了一些新的证据。8 月 30 日和 9 月 14 日，某省海洋局就本案两次召开会审会。9 月 15 日，某省海洋局向某港集团下达了《行政处罚听证告知书》，某港集团在法定期限内没有申请听证。9 月 21 日，某省海洋局向某港集团下达了《行政处罚决定书》。

10.3.2 处理结果

（1）违法事实

经过调查，某省海洋局最终确认了某港集团以下违法事实：

①违法行为性质。某港集团“储油罐区扩改工程”在未进行海域使用可行性论证和海洋环境影响评价，也未正式向主管部门申办海域使用手续的情况下，在已确权的港池内进行围堰回填施工，属于擅自改变海域用途行为。

②非法改变海域用途期间。确认非法改变海域用途期间为半年，起自2003 年 7 月 1 日（围堰施工开始），截至2003 年 12 月 18 日（正式向某省海洋局递交海域使用申请手续）。

③擅自改变用途的海域面积。根据有资质的专业机构测量，确认擅自改变用途的海域面积为 284.05 亩。

（2）法律依据

①《海域使用管理法》第二十八条规定、第四十六条规定。

②《行政处罚法》第二十七条相关规定。

③《某省实施〈国家海域使用管理暂行规定〉细则》第十八条规定：改变海域属性的储灰（渣）场，应缴纳海域使用金标准为每年每亩不低于 800 元。

（3）处罚决定

《海域使用管理法》第四十六条规定：“违反本法第二十八条规定，擅自改变海域用途的，责令限期改正，没收违法所得，并处非法改变海域用途的期间内该海域面积应缴纳海域使用金 5 倍以上 15 倍以下的罚款。”鉴于该项目符合海洋功能区划，且相对人在项目实施过程中积极申办海域使用有关手续，并承诺缴纳海域使用金，现已准备将改变海域使用用途的海域面积进行确权登记，建议对其相对人责令限期改正，并处非法改变海域使用用途期间内该海域面积应缴纳海域使用金 5 倍罚款。

某省海洋局最终决定从轻给予某港集团如下处罚：①责令限期改正；②罚款 56.81 万元（284.05 亩 ×800 元/亩/年 ×0.5 年 ×5 倍 =56.81 万元）。

相对人接到处罚决定书后，对处罚决定没有异议，并全额缴纳了罚款。

10.3.3　评析意见

本案案情比较复杂，直接涉及的因素有：案件定性、违法期间、用海类型、从轻理由等，由于执法机关较好地把握了这几个问题的关键，所以取得了较好的社会效果。

（1）对违法行为的定性准确

在本案中，执法机关将某港集团的行为定性为“擅自改变海域用途”的违法行为。起初，某港集团不能接受这一定性。其理由是：在开始施工之前，该集团向某省海洋局汇报了有关情况，并且以《会议纪要》的形式同意其在申办海域使用手续的同时提前开工。因此不存在“擅自改变”的问题。

对此我们认为，《海域使用管理法》第二十八条规定：“海域使用权人不得擅自改变经批准的海域用途；确需改变的，应当在符合海洋功能区划的前提下，报原批准用海的人民政府批准。”首先确认了该工程符合海洋功能区划，然后再确认其是否经批准。按照省政府关于 SARS 期间特事特办的精神，省海洋局作为省政府的职能部门，以《会议纪要》的形式，同意其“在申办海域使用手续的同时”提前开工。而某港集团向省海洋局递交海域使用申请的时间为 2003 年 12 月 19 日，开工时间却是 2003 年 7 月 1 日。未提申请先行开工，因此确认其为“擅自改变海域用途”并无不当。

（2）对“非法改变海域用途期间”的把握妥当

“非法改变海域用途期间”是罚款额度计算的一个重要变量，对确定罚款数额有着重要影响。某港集团未经批准自 2003 年 7 月 1 日开始围堰施工，为擅自改变海域用途行为的起始时间没有问题。而对截止时间的界定有不同的意见。

第一种意见认为是 2004 年 4 月 30 日，即某省人民政府批准某港集团的海域使用申请之日。而《海域使用管理法》第十九条规定“海域使用申请人自领取海域使用权证书之日起，取得海域使用权”。所以，批准并不意味着取得了海域使用权，因此我们未采纳该意见。

第二种意见认为是 2004 年 7 月 5 日，省海洋局向某港务集团公司下发海域使用权批准通知书之日。执法机关也未采纳该意见，理由是此时海域使用申请人并未取得海域使用权。

第三种意见认为是 2004 年 6 月 3 日，海监机构检查并开始查处之日。对此某港集团有异议。理由是省海洋局同意“在申办海域使用手续的同时”提前开工，因此 2003 年 12 月 19 日某港集团向省海洋局递交海域使用申请之后应视为合法用海。

第四种意见认为是 2003 年 12 月 19 日，即某港集团向省海洋局递交海域使用申请之日，我们采纳了该意见。理由是虽然此时某港集团尚未取得海域使用权，但已符合《会议纪要》的精神，“在申办海域使用手续的同时”提前开工。相对人对此也无异议。

（3）对海域使用类型的界定合理

海域使用类型的界定直接关系到海域使用金征收标准的确定，对于此案，第一种意见认为应当按照“围海造田”的类型来计算；第二种意见认为应当按照“改变海域属性的储灰（渣）场”的类型来计算。经过比较分析，执法机关采用了第二种意见，否定第一种意见。其理由：一是《海籍调查规程》附录 1 中对“围海造地用海”的概念及分类做了规定。围海造地用海包括城镇建设用海和围垦用海。其中，城镇建设用海是指在沿海筑堤围割滩涂和港湾，并填成土地用于城镇建设的工程用海。围垦用海是指在沿海筑堤围割滩涂和港湾，并填成土地用于农林牧业生产的工程用海。通过比较不难发现，将港池内的围填海行为视为围海造地用海并不合理。二是如果将港池内的围填海行为视为围海造地用海，依据《某省实施〈国家海域使用管理暂行规定〉细则》第十八条规定，海域使用金比照当地土地出让价（10 万元/亩）的 40% 一次性征收。处罚金额应为 284.05 亩 ×4 万元/亩 ×10 倍 = 11 362 万元。超过 1 亿元的行政处罚很难执行。

采用第二种意见的理由是该工程施工工艺为先围堰，后将疏浚物储放其中，因此认定其为“改变海域属性的储灰（渣）场”比较合理。

按照《某省实施〈国家海域使用管理暂行规定〉细则》第十八条的规定：改变海域属性的储灰（渣）场，应缴纳海域使用金标准为每年每亩不低于 800 元。据此计算罚金为 284.05 亩 ×800 元/亩/年 ×0.5 年 ×5 倍 =56.81 万元。这样既起到了教育相对人的目的，又有利于处罚决定的执行。

10.3.4　专家点评

一般人会认为某港集团的填海行为似乎有值得理解的地方。该工程由交通部批准立项，属于某省重点工程，且位于海域已确权的港池之内。2003 年 6 月 18 日，该公司向某省海洋局汇报了“储油罐区扩改工程”等项目的用海计划，形成了《会议纪要》，省海洋局考虑到当时 SARS 的影响和省政府 SARS 期间省重点建设项目的优惠政策，同意其“在申办海域使用手续的同时”提前开工。2003 年 11 月 12 日，该工程的《海域使用可行性论证报告》和《海洋环境影响评价报告》通过了评审；同年 12 月 19 日，某港集团向省海洋局递交了海域使用申请书。2004 年 4 月 30 日，某省人民政府批准了其海域使用申请。

从当事人的角度出发，尤其如此。在本案中，这种先施工后申请、边施工边申请的行为是有一定客观原因的。一是作为国家重点项目，建设工期刻不容缓，先施工后申请、边施工边申请实属迫不得已；再是在申请过程中，已方手续完备、论证充分，符合海域使用许可程序对相对人的各项要求；其次，该填海行为是符合该海域的功能区划的，最终该项目还是获得了许可。

从表面上看，某港集团的填海行为本身没有造成直接、实际的社会危害，如破坏了海洋自然环境，或侵占了他人有权海域，而且最终是被海洋行政主管部门所认可。但是，对其进行处罚是否必要呢？

事实上，人们在理解违法行为的社会危害性时，往往落于表层，认为行为要是没有对他人、对社会，以及受保护的自然资源、环境等公共利益造成实际的物质性损害，就应该免予处罚或减轻处罚。必须指出，这种理解是肤浅的。从法律的角度去理解一个违法行为的社会危害性，应把握更深的维度。制定、实施法律的目的之一就在于通过建立一定的法律秩序来进行社会管理、社会控制，以保障、促进社会安全和利益。这种社会公共利益很大程度上取决于社会关系的健康和稳定。《海域使用管理法》的宗旨就是要建立海域空间资源使用管理秩序。海域使用管理秩序正是海域使用管理行政法律关系的客体。因此，只要违反管理法律，不管有无实际的物质性，即当对秩序构成损害，挑战了海域使用管理法律的尊严。尽管这种危害在很多时候难以用物质来衡量，但对秩序的破坏有着比物质性损害更为严重、深远的危害，其后果就包括违法示范、规则失效，等等。可以说，违法的同时就必然造成了社会危害。

但是值得我们注意的是，本案中当事人将主管部门的《会议纪要》作为行为得到认可因而合法的抗辩理由。这一抗辩理由是否有值得思考的地方呢？按照《海域使用管理法》的规定，取得海域使用权（获得海域使用权证书）是用海活动的前置条件，非如此即是违法；因此他们的申辩理由还不足以成立。但是，海洋行政主管部门在其未取得海域使用权证书的前提下，表示倾向性意见，允许其动工，就说明，当事人的超前填海行为确实存在可以被理解的理由，而且预示着最终或被接受的可能。这种提前同意、非正式许可本身似乎也与现行法律存在一定冲突。

该案给我们的启发是，《海域使用管理法》出台后，如果实践中确实存在必须先施工后申请，边施工边申请的特殊情况，在申请、许可程序制度设计上，是否应有相应考虑呢？比如，在实践中采取和土地管理相类似的做法，物权使用许可与物权凭证的发放有一个合理的时间差，物权使用许可以行政批复为要件，以缩短时间、提高行政管理效率，物权凭证则在工程建设完工后作为行政确认的法律后果而投入使用，海籍管理也容易精确、到位。这是在《海域使用管理法》的配套法规、规章制定过程中应引起重视的。

10.4　某中油重工有限公司违法填海行政处罚案

10.4.1　基本案情

被处罚人：某中油重工有限公司

处罚机关：国家海洋局

2008 年 3 月 26 日，中国海监某海区支队执法人员在某县附近海域进行定期巡查时，发现某中油重工有限公司所属某中油重工基地场平工程在实施过程中，未取得海域使用权证书，涉嫌违法用海。4 月 2 日，中国海监某县大队向某海区支队反映，其已于 2008 年 2 月 26 日对某中油重工有限公司违法填海案立案查处，认定当事人违法填海面积 163.814 9 亩，3 月 18 日作出行政处罚决定，处罚如期执行。但在进一步核实过程中，执法人员发现原施工区域内仍在进行局部填海作业，存在新的违法行为。5 月 27 日，经国家海洋局批准，予以立案查处。6 月 4 日，执法人员对当事人作进一步调查取证，对有关人员进行调查询问，提取相关证据材料。同日，委托资质单位某海洋环境监测中心对某中油重工基地场平工程违法填海面积进行复核测量，根据测量结果，当事人在某县海洋与渔业局下达《行政处罚决定书》后未停止施工，在未取得海域使用权的情况下，仍非法占用海域，新增填海面积7.3亩。

10.4.2 处理结果

当事人自2008年3月18日受到某县海洋与渔业局行政处罚后，至2008年6月12日下达《责令停止违法行为通知书》之日为止，在未取得海域使用权证书的情况下，仍进行某中油重工基地场平工程，实施违法填海行为。上述行为违反了《中华人民共和国海域使用管理法》第三条第二款“单位和个人使用海域必须依法取得海域使用权”的规定，违法事实清楚，证据确凿。依据《中华人民共和国海域使用管理法》第四十二条及《财政部国家海洋局关于加强海域使用金征收管理的通知》的有关规定，对某中油重工有限公司作出“责令退还非法占用的海域，恢复海域原状，并处罚款人民币286.65万元”的行政处罚。当事人在接到行政处罚决定书后，于法定期限内如数缴纳了罚款。

10.4.3 评析意见

评析问题：加强对地方海监机构已查处案件的执法检查

根据国家海洋局《关于规范中国海监海区总队行政执法工作的意见》和中国海监总队《关于贯彻落实国家海洋局2008年79号文件积极推进海区行政执法工作的意见》的文件要求，某海区支队切实履行监管职责，有针对性地对地方海监执法工作实施执法检查，本案是某海区支队对此项职责的第一次尝试，取得了很好的效果。

本案中，当事人在未取得海域使用权情况下非法占用海域的行为已经被地方海监机构查处并执行完毕。表面看来，案件已经顺利结案，当事人违法用海的行为已经得到惩戒。但根据国家海洋局2008年79号文件的有关规定，某海区支队依法提取了地方海监大队的案卷材料，进行了检查和核实。后经资质单位测量比对，认定当事人在地方海监机构查处后并未停止施工，又新增填海面积7.3亩，遂作出“责令退还非法占用的海域，恢复海域原状，并处罚款人民币 286.65 万元”的行政处罚。

通过本案的办理，我们总结出：

（1）切实履行国家海洋局 2008 年 79 号文件赋予的监管职责

在今后办案过程中，针对违法用海行为，不能简单地以罚与未罚为划分标准，对于地方海监机构已经查处过的案件，某海区支队应切实履行自己的监管职责，将地方海监机构和人员是否作到依法行政，是否认真贯彻和执行上级的工作部署，案件查处是否公正严明等作为检查的重点。必要时，可以提取有关案卷材料，有针对性地进行检查和核实。

（2）地方海监机构已查处案件中存在的问题

通过本案，我们发现地方海监机构对于已查处案件缺乏事后监督。本案当事人的违法用海活动虽然已被处罚，但并未停止施工，仍然非法占用海域，甚至有新增填海面积。一方面，当事人认为海监机构查处过了，罚款也按时缴纳了，就不会再对该项目进行检查；另一方面，地方海监机构在作出行政处罚决定后，对于当事人是否及时补办了相关手续没有进行监督核实，造成当事人违法行为的继续。这就需要海区支队加强与地方海监机构之间的协调与配合，开展各种用海项目的全程监管，建立事前监管、事中监管、事后监管三个阶段的监管工作制度。海洋行政执法工作的目的不是当事人是否按时、如数缴纳罚款，而是督促当事人的用海活动走向合法的道路。在今后的执法工作中，海区支队应该加强对地方海监机构已查处案件的执法检查工作。

10.4.4　专家点评

随着国家海洋局《关于规范中国海监海区总队行政执法工作的意见》等文件出台，对地方海监机构加强监督检查指导成为海区海监工作中的一项重要内容。

执法监督，是落实依法治国政策的一项具体措施。建设法治社会，依法行政，就必须有配套监督机制对执法行为进行约束。《中华人民共和国行政处罚法》第五十四条即规定，“行政机关应当建立健全对行政处罚的监督制度”。但从目前现状而言，上级机关对下级机关行政执法工作依法实施监督虽然有据可循，但是监督工作的具体形式、内容、方法、步骤尚未形成制度规范。

从可以想见的角度，上级海监机构对下级海监机构执法工作开展情况实施监督检查，大致可通过事前监督、事中监督和事后监督三种形式，即排查阶段监督、查办阶段监督、查办后阶段监督（包括案卷评查）。

（1）排查阶段监督

此阶段监督对象主要针对下级海监机构未及时发现本辖区内涉嫌违法行为、或者已发现涉嫌违法行为而不做及时查处的情况。对此，上级机构可责令其改正，或者依据相关规定，自行查处或指定查处。

（2）查办阶段监督

此阶段主要是对已经下级海监机构立案查处案件的查办情况进行监督。对于立案不实或立而不查的，责令其纠正，如有必要，变更承办机构；对于查处久拖不决的，由上级海监机构进行督办；对于存在错误的行政处罚，上级海监机构有权责令其改正。

（3）查办后阶段监督

对于未能如期结案的，要求其说明原因，无正当理由则限期办结；对于已结案的，可通过对其案卷进行评查，以从中发现问题；此外还包括一些后续监督，其中最突出的就是有无未予查处的新增违法行为。

就本案而言，海区海监机构对地方海监机构的个案办理情况进行了认真的检查与核实，从而发现了新的违法行为，并依法作出处罚。应该说这是一起上下监督的成功案例，为海区加强监督指导地方海监工作进行了有益探索。而如何更好地落实国家海洋局2008年79号文件的有关要求，在更广的范围内多点推进此项工作，特别是就监督的形式、内容、方法、步骤形成具体的制度规范，将是今后一段时间内海区海监工作的一项重点内容。

参考文献

1. 张宏声 . 2004. 海洋行政执法必读［M］. 北京：海洋出版社 .

2. 卞耀武，曹康泰，王曙光 . 2002. 中华人民共和国海域使用管理法释义［M］. 北京：法律出版社 .

3. 张惠荣 . 2006. 海洋行政执法案例汇编（第一辑）［M］. 北京：海洋出版社 .

第 2 篇　海岛保护行政执法实务

11　海岛概述

11.1　海岛的基本概念

11.1.1　海岛的定义

《现代汉语词典》关于海岛的解释为“海洋中的岛屿”，这是从词义的角度对海岛进行的解释，而并不是科学和法律意义上关于海岛的定义。

《联合国海洋法公约》第八部分“岛屿制度”中规定：(1) 岛屿是四面环水并在高潮时高于水面的自然形成的陆地区域。(2) 除第三款另有规定外，岛屿的领海、毗连区、专属经济区和大陆架应按照本公约适用于其他陆地领土的规定加以确定。(3) 不能维持人类居住或其自身的经济生活的岩礁，不应有专属经济区或大陆架。

《中华人民共和国海岛保护法》(以下简称《海岛保护法》) 第二条关于海岛的定义：本法所称海岛，是指四面环海水并在高潮时高于水面的自然形成的陆地区域，包括有居民海岛和无居民海岛。

从上述可以看出《海岛保护法》关于海岛的定义和《联合国海洋法公约》关于海岛的定义是一脉相承的。《联合国海洋法公约》“岛屿制度”中的第二款和第三款，是对拥有特定权利的岛屿进行的人为划分，即能够维持人类居住或其自身的经济生活的海岛可以拥有领海、毗连区、专属经济区和大陆架，不能维持人类居住或其自身的经济生活的海岛只可以拥有领海、毗连区但不能拥有专属经济区和大陆架。

《海岛保护法》和《联合国海洋法公约》所定义的海岛均具有以下特征：

一是海岛顾名思义，与内河岛相区别；二是海岛是四面环水，与半岛相区别；三是海岛是自然形成的，与人工岛相区别；四是海岛是高潮时高于水面，与低潮高地相区别。

本文所说的海岛是《海岛保护法》中定义的海岛。

11.1.2 《海岛保护法》中相关用语的含义

1. 海岛及其周边海域生态系统，是指由维持海岛存在的岛体、海岸线、沙滩、植被、淡水和周边海域等生物群落和非生物环境组成的有机复合体（图 11 –1）。

图 11 –1　穿牛鼻岭

2. 无居民海岛，是指不属于居民户籍管理的住址登记地的海岛（图 11 –2）。

3. 低潮高地，是指在低潮时四面环海水并高于水面但在高潮时没入水中的自然形成的陆地区域（图 11 –3）。

图 11－2　菱角岛

图 11－3　双礁

4. 填海连岛，是指通过填海造地等方式将海岛与陆地或者海岛与海岛连接起来的行为。

5. 临时性利用无居民海岛，是指因公务、教学、科学调查、救灾、避险等需要而短期登临、停靠无居民海岛的行为（图 11－4）。

《海岛保护法》第五十六条规定：低潮高地的保护及相关管理活动，

图 11－4　连江乌鸦屿

比照本法有关规定执行。

1.1.3　海岛的称谓

中文对海岛的称谓有很多种，根据海岛的成因和各地的习惯，称谓有所不同。海岛大多数称“岛”。还有其他称谓：

1. “屿”：厦门的鼓浪屿，澎湖列岛的东吉屿、西吉屿等（图 11－5）。

图 11－5　湄洲猴屿

2. “沙”：多为沙质岛屿，西沙、东沙、中沙、南沙等（图11－6）。

图11－6　三星西沙

3. “洲”：香港长洲岛、广西涠洲岛、三亚市蜈支洲岛（图11－7）。

图11－7　东瑁洲

4. “山”：长山、舟山、万山等群岛（图11－8）。

5. “岩”：山东的长门岩、广东的针岩头（图11－9）。

6. “坨”：多见于中国北方海域，如河北的石臼坨、月坨、蛤坨（图11－10）。

图 11－8　大漠山岛

图 11－9　黄岩礁

图 11－10　尖大坨

7. “甸”：河北的曹妃甸（图11－11）。

图11－11　海甸岛

8. “岙”：多见于浙江省，雀儿岙岛、状元岙岛（图11－12）。

图11－12　田岙岛（照片中央的海岛为田岙岛）

9. “矶”：浙江的东矶，山东的砣矶岛（图11－13）。

10. “塘”：浙江的走马塘（图11－14）。

11. “峙”：浙江省的盘峙，历史上曾书写为“屿”。

不论称谓如何，海岛的第一属性是四面环水，第二属性是环海水上的

图 11－13　东矶岛

图 11－14　稻杆塘

陆地。《海岛保护法》生效后，“海岛”是其唯一的法律规范用语。

11.2　海岛的分类

根据海岛的区位条件、自然环境和资源状况、形成原因、分布形态、物质组成、离岸距离的不同，海岛可以分为不同的类别。

11.2.1　按分布分类

根据海岛分布的形状和构成的状态，可分为群岛、列岛和岛。

1. 群岛：岛屿相距较近，成群分布在一起。群岛既是岛屿构成的核心，也是岛屿组成的最高级别，往往包括若干个列岛。有的群岛还包括次一级群岛和列岛。我国共有 10 个群岛（图 11－15）。

图 11－15　西沙群岛（局部）

2. 列岛：指呈线（链）形或弧形排列分布的岛群。我国共有 45 个列岛。辽宁 3 个、浙江 14 个、福建 8 个、广东 18 个、台湾和海南各 1 个（图 11－16）。

3. 岛：海岛最基本的组成单元，既可以组成列岛或群岛，也可以单个或几个在一起形成相对独立的孤岛（图 11－17）。

11.2.2　按有无人居住分类

按有无人居住可分为有人岛和无人岛。

1. 有人岛：有人常年居住的海岛。

2. 无人岛：无人常年居住的海岛。包括季节性暂住海岛。

图 11－16　澎湖列岛

图 11－17　涠洲岛

我国《海岛保护法》中对海岛的分类即按此方法，但略有不同。

11.2.3　按距岸分类

按海岛距大陆海岸距离的不同，可分为陆连岛、沿岸岛、近岸岛和远岸岛。

1. 陆连岛：通过修建桥梁或堤坝等与大陆相连的海岛（图 11－18）。

图 11－18 镆铘岛

2. 沿岸岛：与大陆距离小于10千米的海岛（图11－19）。

图 11－19 太狮山岛

3. 近岸岛：与大陆距离大于10千米，小于100千米的海岛（图11－20）。

4. 远岸岛：与大陆距离大于100千米的海岛（图11－21）。

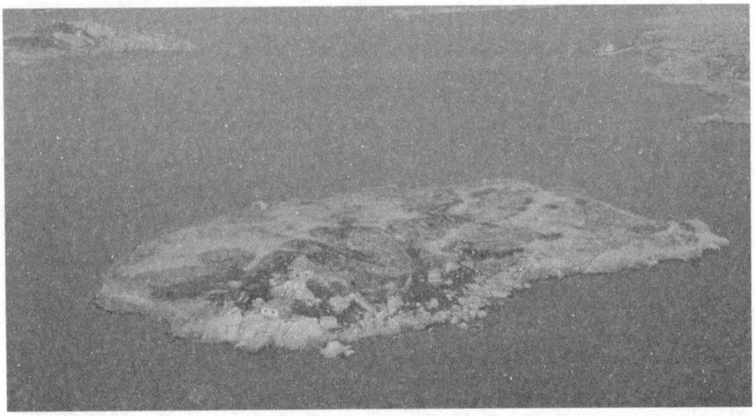

图 11－20　蒲帽山岛

图 11－21　嵩礁岛

11.2.4　按面积分类

按海岛陆域面积，可分为特大岛、大岛、中岛、小岛和岛礁。

1. 特大岛：面积大于 2 500 平方千米。我国仅有台湾岛和海南岛 2 个（图 11－22）。

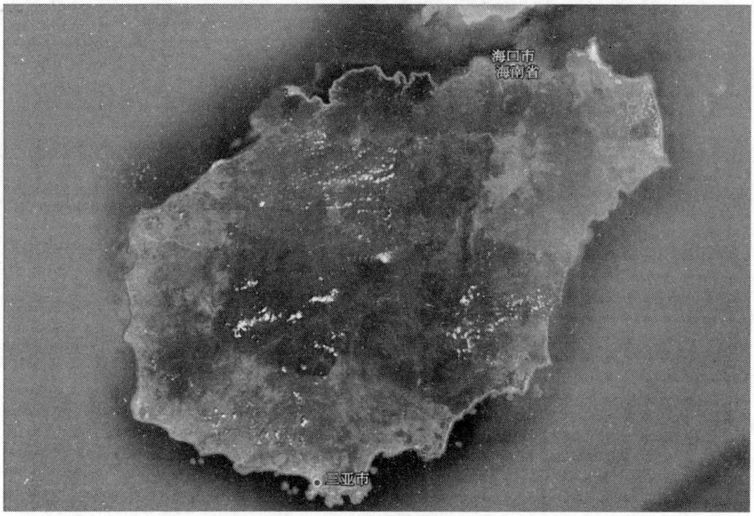

图 11－22　海南岛

2. 大岛：面积在 100～2 500 平方千米。我国共有 13 个：上海崇明岛，浙江 3 个（岱山岛（图 11－23）、舟山岛、玉环岛）、福建 4 个（海坛岛、厦门岛、金门岛、东山岛）、广东 4 个（上川岛、东海岛、南三岛、南澳岛）、香港 1 个。

图 11－23　岱山岛

3. 中岛：面积在 5～99 平方千米。我国共有 133 个：辽宁 8 个、山东 9 个、浙江 40 个、福建 26 个、广东 23 个、香港 6 个，台湾 9 个，江苏、上海和广西各3个、海南2个、澳门1个（图11－24）。

图11－24　枸杞岛

4. 小岛：面积在0.5～4.9平方千米。我国共有6 800个左右（如图11－25）。

图11－25　缸爿山岛

5. 岛礁：在我国小于500平方米的岛礁还没有准确的统计数字，具估计有近万个。

11.2.5　按成因分类

1. 大陆岛

大陆岛原为大陆的一部分，后因地壳下沉或海平面上升，低洼的地方被海水淹没，较高的滨海土地或丘陵露出海面成为岛屿。这类岛屿一般距陆地较近，地质构造和地貌形态与邻近大陆关系密切，同时面积大多较其他岛屿大、山势高。如我国的台湾岛、海南岛、长山群岛（图 11－26）、舟山群岛等。

图 11－26　长山群岛的长坨子

2. 冲积岛

冲积岛主要因入海河流携带的泥沙遇到海潮的顶托，在河口附近堆积而成。其物质组成和地貌形态与附近的平原相似。如我国最大的冲积岛是崇明岛。图 11－27 为渤海湾北岸的祥云岛。

图 11－27　渤海湾北岸的祥云岛

3. 火山岛

火山岛由海底火山爆发喷出的岩浆物质堆积而成。如我国台湾岛周围的火烧岛（绿岛）、澎湖列岛和福建的南碇岛、广西的涠洲岛等。图11－28为钓鱼岛附属岛屿之一的黄尾屿。

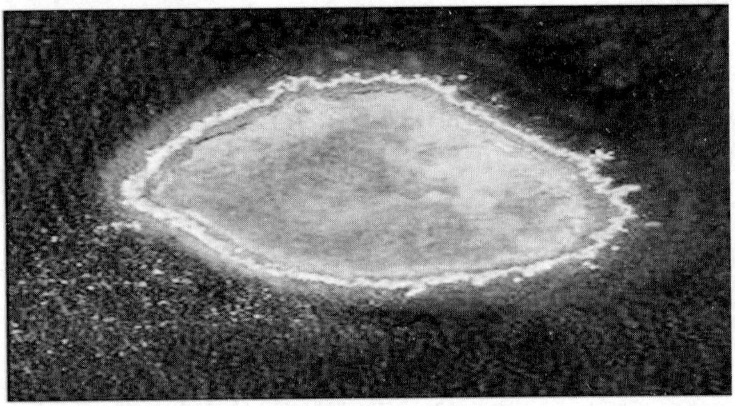

图11－28　钓鱼岛附属岛屿之一的黄尾屿

4. 珊瑚岛

珊瑚岛由热带海洋生物造礁珊瑚的骨骸及其他贝壳堆积而成。这种岛的特点是地势低平，面积较小，且有许多不超出海面。如我国的南沙群岛（图11－29）、西沙群岛等。

图11－29　西沙群岛中的永兴岛

11.3　我国海岛的基本情况

根据 1995 年公布的我国海岛资源综合调查统计结果，沿海 11 个省（区、市）面积在 500 平方米以上的海岛共有 6 961 个（不含海南岛本岛和台湾、香港、澳门所属海岛），面积为 6 691 平方千米，岸线总长为 12 710 千米，如将海南岛本岛和台湾、香港、澳门所属岛屿计算在内，我国面积在 500 平方米以上的海岛共有 7 372 个，海岛陆域面积 8 万平方千米，约占我国陆地面积的 8%，海岛岸线 14 000 多千米。面积在 500 平方米以下的海岛和岩礁近万个。

11.3.1　沿海各省（市、区）海岛分布和行政划分情况

沿海各省（市、区）海岛分布和行政划分情况和全国海岛分布见表 11－1和图 11－30。

表 11－1　沿海各省（市、区）海岛分布情况

沿海地区	海岛总数（个）	有居民海岛（个）	无居民海岛（个）	其中有淡水无居民海岛（个）	领海基点（个）	岛屿陆域总面积（平方千米）	岸线长（千米）
辽宁	265	31	234	11		191.54	686.7
河北	132	2	130			8.43	199.09
天津	1		1			0.015	0.56
山东	326	35	291		8	136.31	686.23
江苏	17	6	11		2	36.46	67.76
上海	13	3	10	1	1	1 276.19	356.13
浙江	3 061	189	2 872	19	7	1 940.39	4 792.73
福建	1 546	102	1 444		6	1 400.13	2 804.3
广东	759	44	715	12	7	1 599.93	2 416.15
广西	651	9	642	9		67.1	860.9
海南	233	12	221	9	46	48.73	309.05
全国合计	7 004	433	6 571	61	77	6 705.225	13 179.6

注：统计海岛数为 500 平方米以上海岛，不含海南岛本岛。

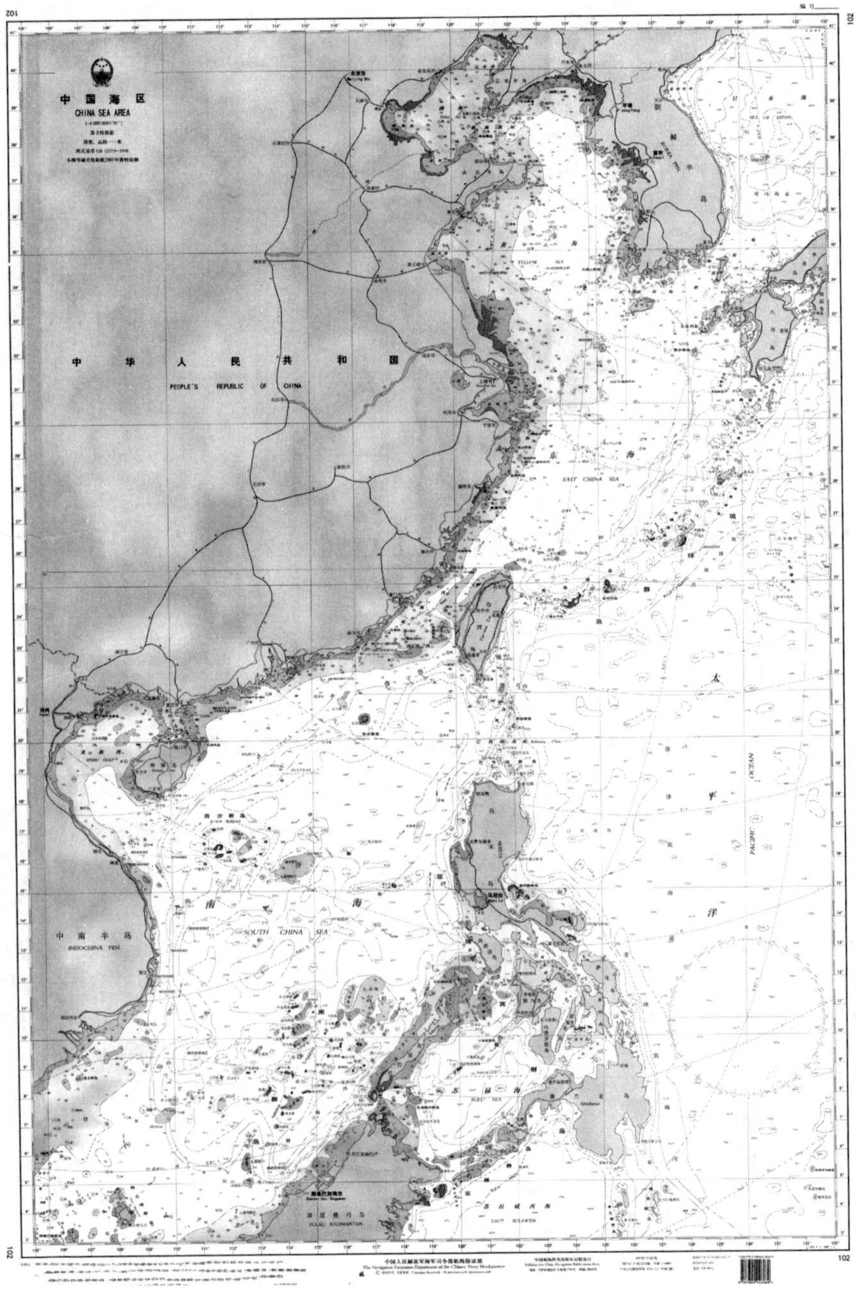

图 11－30　全国海岛分布

11.3.1.1　沿海各省（市、区）海岛分布情况

1. 辽宁：濒临黄海和渤海。黄海北部有我国第二大群岛——长山群岛（分里长山列岛、外长山列岛和石城列岛），辽东湾东西两侧近岸水域有岛屿分布，均为基岩大陆岛屿。面积 500 平方米以上海岛 265 个，其中有居民海岛 31 个，无居民海岛 234 个。小型岛居多，最大石城岛 30 平方千米，最小面积 20 平方米。小于 1 平方千米的海岛占 91.7%。沿岸岛居多，90% 的海岛距岸 30 千米以内，最远 70 千米。海岛气候冬暖夏凉、温差小、湿度大、风大、雾多，淡水资源不足。生物、港口、旅游资源丰富，矿产资源较少。

2. 河北：面积 500 平方米以上海岛 132 个，其中有居民海岛 2 个，无居民海岛 130 个。海岛分布在滦河三角洲平原外侧沿海和古黄河口（今大河口附近）地带，为冲淤沙质海岛。可划分为大蒲河口外诸岛 13 个、滦河口外诸岛 35 个、曹妃甸诸岛 47 个和大河口外诸岛 37 个。海岛近岸分布，陆域面积小，周围滩涂辽阔，海拔高度 1.5 ~ 2 米，外形呈长条和斑点状。系海岛地质条件比较活跃，动态变化大。

3. 天津：三河岛是唯一的海岛，人工岛，以绿化旅游开发为主。

4. 山东：面积 500 平方米以上海岛 326 个，其中有居民海岛 35 个，无居民海岛 291 个。海岛分布在渤海海峡 32 个，黄海海区 201 个，其余分布在渤海。基岩岛 235 个（合计面积 101.6 平方千米），分布在渤海海峡和黄海海区；冲淤沙质海岛 91 个（合计面积 34.4 平方千米），几乎全部在渤海湾南部近岸海域。面积最大的南长山岛 13.4 平方千米，面积大于 1 平方千米的海岛 39 个，平均海岛面积 0.4 平方千米。海岛离岸距离海较近，268 个岛距岸小于 5 海里，大于 10 海里的海岛 34 个。

5. 江苏：面积 500 平方米以上海岛 17 个，其中有居民海岛 6 个，无居民海岛 11 个。沿海地区为黄河和长江挟带泥沙淤积而成，在北部海州湾有基岩岛 14 个，最大岛陆域面积 5.4 平方千米，加上周围滩涂，可达 7 平方千米；一般面积小于 0.1 平方千米。距岸最远不过 8 千米。水产、种

植、港口、旅游资源丰富。

6. 上海：面积500平方米以上海岛13个，其中有居民海岛3个，无居民海岛10个。海岛分布在长江口和杭州湾中部，长江口内8个，口外2个，杭州湾3个。8个河口沙岛（合计面积1 326.57平方千米），4个基岩海岛（合计面积0.34平方千米）和1个人工岛（面积0.001平方千米，在鸡骨礁的暗礁基底上建立，部队管辖）。植被资源丰富，农业、工业、港口、旅游开发。

7. 浙江：面积500平方米以上海岛3 061个，其中有居民海岛189个，无居民海岛2 872个。海岛数量、海岛陆域面积和海岛岸线均占全国各沿海省第一位。海岛数量占全国海岛的44%。海岛陆域面积1 940平方千米，占全国海岛陆域面积的29%。海岛岸线4 793千米，占全国海岛岸线的38%。海岛分布特征为数量多、面积小、分布广。海岛分布在浙江省沿海，东西跨度达250千米。海岛的行政区划分别属于舟山市（面积1 256.7平方千米）、台州市（面积271.5平方千米）、宁波市（面积254.1平方千米）、温州市（面积157.4平方千米）和嘉兴市（面积0.7平方千米）。有6个海岛县，95个海岛乡。海岛中的山地面积占海岛陆域面积的64.7%，平原面积占35.3%。舟山岛面积最大，为476.17平方千米。100平方千米以上的大岛3个；50～100平方千米、10～50平方千米和5～10平方千米的中岛分别为5个、20个和14个；5平方千米以下的小岛3 019个，占全省海岛总数的98.6%。

8. 福建：面积500平方米以上海岛1 546个，其中有居民海岛102个，无居民海岛1 444个，形成群岛13个、列岛11个、群礁61个。海岛数量居全国第二。海岛呈带状密集分布，常分布在半岛周围和海湾内，大岛周围常有小岛密集分布。海岛主要分布在北部福州、莆田沿海，有5个列岛。100平方千米以上的海岛4个，其中最大的海坛岛面积274.4平方千米，10～100平方千米的16个，1～10平方千米的53个；1平方千米以下的海岛1 473个，占海岛总数的95%。大部分在离岸8海里以内的海域或海湾内，少量分布在 10 ~ 20 海里内，最远的东引岛距岸 28 海里。大部分分布在 20 米等深线以内，少量分布在 30 米等深线附近。海岛分布情况：宁德 448 个，福州 454 个，莆田 157 个，泉州 216 个，厦门 57 个，漳州 143 个，其余海岛为台湾控制。

9. 广东：面积 500 平方米以上海岛 759 个，其中有居民海岛 44 个，无居民海岛 715 个。海岛主要集中在珠江口、大亚湾、汕头、南澳区域，大多数沿大陆岸线分布，绝大多数是在 20 米等深线以内的海域。自东向西分布 20 多个群岛，形成 50 多个港湾，海域宽阔、水深无障碍，少淤积。多数水深 10 ~ 20 米，最深的东沙群岛南部，水深 430 多米。除东沙群岛外，海岛距大陆最远的 30 多海里，最近的几百米。有基岩岛、基岩平原岛、沙洲岛、火山岛和珊瑚岛 5 类。以大陆岛为主，少数河口冲积岛，有 42 个连陆岛。

广东 100 平方千米以上的海岛 5 个，东海岛最大，面积为 289.5 平方千米。50 ~ 100 平方千米以上的海岛 4 个，10 ~ 50 平方千米的 11 个，5 ~ 10 平方千米的 8 个，1 ~ 5 平方千米的 61 个；1 平方千米以下的 670 个，占海岛总数 88%。

10. 广西：面积 500 平方米以上海岛 651 个，其中有居民海岛 9 个，无居民海岛 642 个。海岛分布在北部湾北部，大部分在钦州湾内。大部分海岛为基岩岛，6 个陆连岛，634 个沿岸岛（其中湾内岛 22 个，河口岛 9 个），2 个近岸岛。5 ~ 100 平方千米的中岛 3 个，5 平方千米以下小岛 648 个。各市海岛分布情况：北海 67 个，其中 2 个有居民；钦州 337 个，其中 3 个有居民；防城港 247 个，其中 4 个有居民。

11. 海南：面积 500 平方米以上海岛 233 个，其中有居民海岛 12 个，无居民海岛 221 个。海岛分布在我国南海 200 多万平方千米的海域内，北起琼州海峡，南至曾母暗沙，西起北部湾中部，东至黄岩海域。可分为海南岛周围海岛，西沙群岛，中沙群岛和南沙群岛四个区。

（1）海南岛周围海岛：大于 500 平方米的海岛 181 个（含海南岛）。

除海南岛外的180个海岛陆域面积22.58平方千米，围绕海南岛带状分布，多数海岛距岸6千米以内，七洲列岛最远距岸32.8千米。海岛主要分布在海南岛东南部：文昌—万宁69个，陵水—乐东49个，东方—昌江10个，儋州—琼山52个。

（2）西沙群岛：是我国南海诸岛距大陆最近的群岛，由宣德、永乐两个群岛组成，主岛永兴岛距三亚180海里。大于500平方米海岛32个，面积7.17平方千米，其中宣德群岛14个，永乐群岛16个，永乐群岛之南2个。大于1平方千米的海岛2个，最大的永兴岛面积为2平方千米。1个火山岩礁，其他均为由珊瑚、贝壳沙组成的珊瑚礁岛，地形平坦，大部分高程在5米以内，周围珊瑚礁盘宽阔。热带气候，水产丰富，珊瑚土壤，单一植被，1个岛有饮用淡水。鸟类天堂，旅游资源丰富。

（3）中沙群岛：位于西沙群岛东南，由大环礁、黄岩岛和20多个珊瑚暗沙组成，大部分淹没在水下，黄岩岛是唯一露出水面的珊瑚环礁。

（4）南沙群岛：是南海诸岛中岛礁最多，分布最广的群岛，包括230多个岛屿、暗礁、暗沙和暗滩，以珊瑚环礁为主。高潮露出水面的海岛、沙洲25个，其中大于500平方米海岛20个。陆域面积最大的太平岛0.4平方千米，海拔4米，台湾驻守。海底有丰富的石油资源。

11.3.1.2 海岛行政划分情况

以下的海岛行政划分，不含港澳台地区海岛。

1. 省级海岛

我国以海岛组成的省级行政建制有2个：台湾省和海南省。

台湾省的台湾岛是我国第一大海岛，南北长438千米，东西宽80千米，面积35 759平方千米，海岸线长1 217千米；台湾岛附属岛屿大多分布在东海的东南部，共有224个。

海南省的海南岛为我国第二大海岛，面积33 907平方千米，海岸线长1 528千米；海南岛附属岛屿主要分布在南海的中部和南部，共有232个海岛。

2. 地级市海岛

我国以海岛组成的地市级建制有 3 个：舟山市、厦门市和三沙市。

舟山市位于东海的北部、长江口以南，由 1 383 个海岛组成，其中有居民海岛 98 个。渔业、港口、旅游资源丰富。

厦门市位于东海南部、台湾海峡西部，由 37 个海岛组成（图 11－31）。

三沙市位于南海，包括西沙群岛，中沙群岛和南沙群岛。

图 11－31　厦门岛

3. 县级海岛

我国以海岛组成的县（区）级行政建制共有 14 个，其中浙江 6 个，福建 3 个，广东 2 个，山东、辽宁（图 11－32）和上海各 1 个。每个海岛县（区）一般由若干个岛屿组成，主岛面积较大，距大陆较近，交通便利，岛上经济较发达（表 11－2）。

图 11－32　辽宁省长海县所在海岛—大长山岛

表 11－2　海岛县分布　　面积（平方千米）

省	市	县	海岛数（个）	有居民	无居民	岛陆面积	岸线（公里）	人口（万）
辽宁	大连市	长海县	112	25	87	152	428	8.8
山东	烟台市	长岛县	32	10	22	56	146	4.4
上海		崇明区	4	3	1	1 160	209	73.4
浙江	舟山市	定海区	127.5	27.5	100	531	428	35.2
		普陀区	454.5	31.5	423	388.8	831	32.5
		嵊泗县	404	23	381	68	471	8.6
		岱山县	404	16	388	269.1	717	21.8
	台州市	玉环县	136	13	123	187.4	262	38
	温州市	洞头县	103	13	90	100.3		12.5
福建	福州市	平潭县	126	9	117	323.9	448	32.5
		琅岐管委会	1	1	0	64.7	60	6.8
	漳州市	东山县	44	2	42	247.2	193	18.3
广东	汕头市	南澳县	37	2	35	107.7	77	7.2
	珠海市	万山开发区						
合计		14 个	1 985	176	1 809	3 656.1	4 270	300

14个海岛县共包括面积500平方米以上海岛1 985个（占全国海岛总数的28.5%），其中有居民海岛176个（占全国有居民海岛总数的40%），无居民海岛1 809个（占全国无居民海岛总数的27.7%）。

4. 乡级海岛

我国以海岛组成的海岛乡（镇）级建制共有191个。浙江最多，有95个（图11－33）；上海28个、广东22个、山东15个、福建13个、辽宁9个，江苏、海南和广西各3个。

图11－33　浙江省嵊泗县花鸟乡所在海岛花鸟山

11.3.1.3　特殊用途海岛

1. 领海基点所在海岛

全国领海基点所在岛屿94个，其中沿海49个、西沙群岛28个、钓鱼岛17个。分布如下：黄海7个，分布在山东；东海17个，分布在江苏3个、上海1个、浙江7个（图11－34）、福建6个（其中台湾占4个）、钓鱼岛17个；南海53个，分布在广东7个、海南近岸18个、西沙28个。辽宁、广西、南海南部没有领海基点（见本书第一编6.1.2）。

2. 海洋自然保护区海岛

全国涉及海岛的自然保护区和特别保护区57个，含805个海岛。其

图 11－34　领海基点所在海岛—台山列岛

中海洋自然保护区 48 个，含 524 个海岛；海洋特别保护区 9 个，含 281 个海岛。其中国家级海洋自然保护区 33 个（北海 11 个、东海 9 个、南海 13 个），国家级海洋特别保护区 21 个（渤海、黄海 16 个、东海 5 个）。

辽宁：蛇岛老铁山自然保护区（国家级）、大连三山海珍品（海参、鲍鱼、扇贝）自然保护区、长海县核大坨海珍品自然保护区、大连班海豹自然保护区。

山东：山东省庙岛珍稀鸟类和天然植物群落保护区。

上海：金山三岛海域生态自然保护区、崇明东滩湿地候鸟保护区、崇明岛北沿水产资源保护区。

浙江：舟山渔场生态环境特别保护区、南麂列岛海洋自然保护区（图 11－35）、岱山长涂海滩岩保护区、舟山群岛河麂（獐）保护区、五峙山鸟类栖息和繁殖保护区。

福建：福鼎台山、星仔列岛生态系自然保护区，福鼎鲎屿红树林生态自然保护区，海坛中国鲎自然保护区，海坛三十六脚湖自然保护区，平潭县牛山岛生态系自然保护区，漳浦礼是列岛生态系自然保护区，东山湾湖

图 11－35　南麂列岛国家级海洋自然保护区

湾生态系自然保护区。

广东： 南澳岛黄花山国家森林公园、乌屿候鸟保护区、港口海龟保护区、大亚湾水产资源保护区、内伶仃岛猕猴保护区（含福田红树林保护区）、担杆列岛猕猴保护区、大杧岛野生动物保护区、上川岛车旗顶森林保护区、东海岛红树林保护区、硇洲岛龙虾、鲍鱼和黄花幼鱼保护区 10 个保护区。

海南： 国家级三亚珊瑚礁自然保护区、大洲岛国家级金丝燕自然保护区。西沙群岛东岛白鲣鸟自然保护区。

3. 国防用途海岛

国防用途海岛处在海防前哨、边陲要地，在我国海防战略框架中具有不可替代的作用，被称为“不沉的航空母舰”。国防用途海岛在我国的空防和海防预警体系中发挥非常重要的作用，是保障国防安全、维护国家海洋权益的重要阵地（图 11－36）。

图 11－36　佘山岛

11.3.2　我国海岛的特征

11.3.2.1　区域分布特征

1. 区域分布不均

从各海区的海岛数量分布看，东海岛屿个数最多，面积 500 平方米以上的海岛达 4 637 个，约占全国海岛总数的 66.3%。其中海岛最多的浙江省有 3 061 个（其中舟山群岛共有大小岛屿 1 390 个，约相当于我国海岛总数的 20%），福建省有 1 546 个海岛。

南海岛屿个数位居第二，面积 500 平方米以上的海岛有 1 641 个，占我国海岛总数的 23.6%。包括广东省 759 个，广西壮族自治区 651 个和海南省 231 个。

黄海岛屿个数较少，面积 500 平方米以上的海岛有 433 个，占 6.2%，主要分布于黄海北部、中部和渤海海峡一带，多为面积在 30 平方公里以下的小岛。

渤海是我国岛屿个数最少的海域，面积500平方米以上的海岛272个，占3.9%。

2. 大部分海岛为沿岸岛

我国三分之二以上的海岛为沿岸岛，近岸岛占27%以上，远岸岛占5%以上。

3. 以基岩岛为主体

在我国各类海岛中，基岩岛数量占绝对优势，达93%；泥沙岛（冲积岛）次之，占6%，主要分布在渤海和一些大河河口处；珊瑚岛数量最少，仅占1%，主要分布在台湾海峡以南海域。

4. 岛屿呈明显的链状或群状分布

大多数海岛以列岛或群岛的形式出现，呈明显的链状或群状分布。

5. 绝大部分海岛面积小于1平方千米

我国海岛陆域面积普遍很小。全国500平方米以上海岛6 961个，海岛面积6 691平方千米，平均单个岛屿面积不足1平方千米。

11.3.2.2　海岛环境、资源和开发利用特征

1. 环境特征

因大部分海岛近岸分布，有明显的陆地过渡性气候，大风及雾日频繁，周围海域海水动力条件活跃。海拔较低，裸岩多，植被少，生态环境脆弱，面临恶化趋势。

2. 资源特征

海岛的地理特征使其具有特殊的资源，主要包括：自然景观等旅游资源；锚地、航标、海底电缆官道铺设、架桥梁等空间资源；森林等植被资源；海洋生物资源及其特殊物种；滩涂、浅海的各种资源；风能、海洋能等可再生资源等。

3. 开发利用特征

渔业、养殖及垂钓等渔业开发利用，海岛生态旅游、海岛仓库、海岛港口、海岛开发区、海岛房地产、海岛矿砂资源开采、科研应用、农业种

植、自然保护区等。

思考题：

1. 海岛的基本概念及特征。

2. 请列举3种海岛分类方式，《海岛保护法》对海岛的分类主要依据哪种分类方式。

3. 我国最大的海岛是海南岛吗？我国以海岛组成的省级建制、地级建制有哪些，我国共有多少个县级海岛？

12　海岛保护行政执法依据

12.1　海岛保护法

《中华人民共和国海岛保护法》(以下简称《海岛保护法》）于2009年12月26日第十一届全国人民代表大会常务委员会第十二次会议通过，自2010年3月1日起施行。

《海岛保护法》是继《中华人民共和国领海及毗连区法》、《中华人民共和国专属经济区和大陆架法》、《中华人民共和国海洋环境保护法》和《中华人民共和国海域使用管理法》之后，又一部涉及海洋保护和管理的重要法律，也是我国第一部有关海岛的专门法律。

《海岛保护法》共六章五十八条，明确规定了适用范围、原则、海岛保护规划、海岛保护的具体措施以及监督检查、法律责任等。

12.1.1　立法背景

从20世纪80年代开始，我国沿海省市相继出台一些政策和措施，鼓励海岛的保护和开发利用。到90年代，我国政府在全国海岛综合调查基础上，先后开展三批海岛开发、保护和管理试点。

2003年国家海洋局、民政部和总参谋部联合发布《无居民海岛保护与利用管理规定》，开始了海岛管理制度建设。2003年11月，全国人大组成了《海岛保护法》起草领导小组，开展国内外海岛立法调研，召开研讨会，在征求意见的基础上形成了法律草案。2007年6月，国土资源部、国家发展改革委和国家海洋局在北京联合组织召开了首次国家海岛调研规划和政策研究工作领导小组会议，确定了由中央16个部门参加的领导小组组成名单，研究讨论海岛规划立法和政策研究等工作的实施意见。

2009年6月22日，首次提请全国人大常委会审议的海岛保护法草案明确规定，中国将建立海岛生态保护巡查制度。全国人大环资委主任委员汪光焘就首次提请全国人大常委会审议的海岛保护法草案作说明时，列举了利用开发海岛缺少规划、存在随意性的种种问题。为保证《海岛保护法》有效实施，草案强化了对监督检查和法律责任内容的规范。

12.1.2 立法宗旨

《海岛保护法》的立法宗旨是保护海岛生态系统，合理开发利用海岛自然资源，维护海岛及其周边海域生态平衡，促进经济社会的可持续发展。根据中国海岛工作的现实需要，该法将海岛保护的原则确定为科学规划、保护优先、合理开发、永续利用，并对海岛生态保护和无居民海岛使用作出系统规范。

12.1.3 基本制度

海岛保护基本制度主要有海岛保护规划制度、海岛生态保护制度、无居民海岛权属及有偿使用制度、特殊用途海岛保护制度和监督检查制度等。

海岛保护规划是从事海岛保护、利用活动的依据，具体指导海岛生态保护和无居民海岛利用活动。海岛保护规划的制定不仅有利于保护和改善海岛及其周边海域生态系统，而且有利于促进海岛经济社会可持续发展。通过建立海岛保护规划制度，奠定了海岛科学保护、有序利用的基础，必将有利于推动海岛及其周边生态环境的保护和利用。

通过健全有居民海岛生态系统保护的法律制度，为实现有居民海岛科学发展及生态环境的保护提供法律保障，必将有力地推动海岛保护各项工作的开展；通过建立无居民海岛保护制度，明确了无居民海岛权利归属，必将推动无居民海岛有效保护和有序利用；通过建立特殊用途的海岛保护法律制度，提出了有针对性的特别保障措施，必将有力保障有特殊用途海岛的利用和有效保护，特别是对领海基点岛的保护，对维护国家海洋权益具有重要意义。

12.1.4　重要意义

《海岛保护法》明确了海岛保护和开发利用应遵循的基本原则，规范了海岛工作管理体制，建立了海岛保护规划、生态保护、开发利用以及监督检查制度，对保护海岛及其周边海域生态系统，合理开发利用海岛自然资源，维护国家海洋权益等将发挥重要作用。

（1）加强海岛生态保护

与陆地相比，海岛的地理环境独特，生态系统十分脆弱，稳定性差、容易遭受损害，而且破坏后很难恢复。随着近年来开发利用海岛活动的增多，一些无序、盲目的开发行为致使海岛的生态环境急剧恶化，破坏了海岛及其周边海域的生态系统。因此，保护海岛及其周边海域生态系统是海岛保护的重点内容。同时，从维护国家生态安全的角度来看，海岛生态系统是抵御海洋灾害的天然屏障，是国家生态安全系统的重要环节。

（2）促进海岛自然资源的合理开发利用

海岛是资源的宝库，海岛自然资源同其他自然资源一样，是十分有限的，必须对各种开发利用海岛的活动进行规范和管理，才能防止耗竭性开发，确保海岛自然资源得到永续利用。针对海岛特别是无居民海岛开发利用过程中存在的突出问题，通过立法建立相应的制度和规范，对保护海岛及周边海域生态系统、合理开发利用海岛自然资源、促进经济社会可持续发展，具有重大的现实意义。

（3）维护国家海洋权益

海岛既是保护海洋环境、维护生态平衡的重要平台，又是维护国家海洋权益、保障国防安全的战略前沿。国家一直高度重视通过立法保护我国海洋权益。《海岛保护法》通过明确无居民海岛属于国家所有，加强对海岛特别是领海基点所在海岛、国防用途海岛等特殊用途海岛的保护和管理，进一步维护了国家海洋权益和领土安全，具有重大而深远的战略意义。

12.2 海岛保护规划

国家实行海岛保护规划制度。海岛保护规划是从事海岛保护、利用活动的依据。制定海岛保护规划应当遵循有利于保护和改善海岛及其周边海域生态系统，促进海岛经济社会可持续发展的原则。

12.2.1 全国海岛保护规划

国家在开展了大量的调研、研讨、试点和征求意见等工作的基础上，编写完成20多部海岛保护规划有关问题论证和研究报告，研究编制了《全国海岛保护规划》(以下简称《规划》)，是引导全社会保护和合理利用海岛资源的纲领性文件，是从事海岛保护、利用活动的依据。

《规划》全面分析了当前我国海岛保护与利用现状、存在问题和面临的形势，提出到2020年实现“海岛生态保护显著加强、海岛开发秩序逐步规范、海岛人居环境明显改善、特殊用途海岛保护力度增强”的目标，明确了海岛分类、分区保护的具体要求，确定了海岛资源和生态调查评估、偏远海岛开发利用等十项重点工程，并在组织领导、法制建设、能力建设、公众参与、工程管理和资金保障等方面提出了具体保障措施。

2012年2月29日，《规划》经国务院批准正式颁布实施。这是继《海岛保护法》之后，我国海岛事业发展的又一重大举措，对于保护海岛及其周边海域生态系统，合理开发利用海岛资源，维护国家海洋权益，促进海岛地区经济社会可持续发展具有重要意义。

12.2.2　省级海岛保护规划

国家海洋局 2010 年 8 月 25 日印发《省级海岛保护规划编制管理办法》，该办法共二十三条，明确规定了省级海岛保护规划（含省域海岛保护规划和直辖市海岛保护专项规划）的编制、评审、审查、批准和修订工作。

该办法规定，国家海洋局负责指导、协调和监督省级海岛保护规划编制工作，并成立全国海岛保护规划委员会，负责海岛保护规划编制的技术指导，发布海岛保护规划编制技术单位推荐名录。规定省级海岛保护规划期限应当与全国海岛保护规划、省级国民经济和社会发展规划相适应，不应少于 5 年。省级海岛保护规划经批准后应当向社会公布，单位和个人可以依法查询经批准的省级海岛保护规划。省级海洋主管部门要按照国家的统一部署和要求启动规划编制工作。

相关文件：

1. 省级海岛保护规划编制技术导则（试行）

国家海洋局 2011 年 10 月发布该技术导则，规定了省级海岛保护规划的编制原则、编制程序、主要内容、成果编制要求等。明确了保障权益、生态保护、可持续利用、突出特色、统一协调的编制原则。

2. 《关于公布海岛保护规划编制技术单位推荐名录的通知》（国海岛字［2010］643 号）

国家海洋局 2010 年 10 月 20 日下发该通知，在各沿海省、自治区、直辖市海洋厅（局）推荐的基础上，按照单位资质、设备配置、技术条件、管理能力等承担海岛保护规划编制任务的相关条件，认真审查、筛选和研究，确定国家海洋环境监测中心等 19 家单位列入第一批海岛保护规划编制技术单位推荐名录。各沿海直辖市海洋局组织编制本行政区域内海岛保护专项规划，各沿海城市、县海洋局组织编制沿海城市、镇海岛保护专项规划、县域海岛保护规划和无居民海岛保护和利用规划，都应当从推荐名录中选择海岛保护规划编制任务的承担单位。

3.《关于成立全国海岛保护规划委员会及专家审查委员会的通知》(国海岛字［2010］645号)

国家海洋局2010年10月20日下发该通知，成立全国海岛保护规划委员会，负责全国海岛保护规划的编写工作，指导省级及地方其他各级各类海岛保护规划的编写工作。同时成立全国海岛保护规划专家审查委员会，在全国海岛保护规划委员会的领导下，负责全国海岛保护规划和省级海岛保护规划的技术审查工作。全国海岛保护规划委员会办公室设在国家海洋局海岛管理办公室，承担全国海岛保护规划委员会和全国海岛保护规划专家审查委员会的日常工作。

4.《关于编制省级海岛保护规划的若干意见》(海岛字［2011］2号)

国家海洋局海岛管理办公室2011年1月28日下发该通知，提出五点意见：一是统一全国海岛分类保护体系。省级海岛保护规划应采取全国统一分类体系，将海岛分为三级十五类。二是明确省级海岛保护规划的范围与期限，一般为10年，远期可展望至20年。三是合理确定海岛分区保护的原则和措施。四是积极安排海岛保护重点工程。内容可涵盖海岛资源调查、生态系统保护、整治修复、可再生能源利用、特殊海岛保护等方面。五是规范省级海岛保护规划的成果形式，包括规划文本、编制说明、图件、规划研究报告等，包括纸质和电子文件两种形式。

12.3 无居民海岛使用管理

12.3.1 无居民海岛使用申请审批试行办法

为全面加强海岛保护，进一步规范无居民海岛使用申请审批工作，国家海洋局2011年4月20日根据《海岛保护法》制定了《无居民海岛使用申请审批试行办法》(以下简称《试行办法》)，对无居民海岛使用申请和审批相关内容进行了详细规定，无居民海岛使用申请及审批从此有章可循，这也标志着无居民海岛开发利用申请与审批工作正式启动。

在无居民海岛使用申请方面，《试行办法》对单位或个人使用无居民海岛需提交的申请材料进行了规定，并明确在无居民海岛开发利用具体方案中含有建筑工程的用岛，最高使用期限为 50 年；其他类型的用岛可根据使用实际需要的期限确定，但最高使用期限不得超过 30 年。用于经营性开发利用的无居民海岛，将依法采取招拍挂的方式出让无居民海岛使用权。

在申请审批方面，《试行办法》对审批权限进行了划分，明确了审理内容，规范了审批程序。按照规定，除由国务院审批的使用无居民海岛以外，其他类型无居民海岛的使用由省、自治区、直辖市人民政府批准。无居民海岛使用申请可以由省（区、市）海洋主管部门直接受理，也可以委托县级、市级海洋主管部门受理。单位和个人使用无居民海岛，向海岛所在地的县级海洋主管部门提出无居民海岛使用申请；县级不设海洋主管部门的地区，向海岛所在地的市级海洋主管部门提出申请；向县级、市级海洋主管部门提出申请的，经县级、市级海洋主管部门审查，报省级海洋主管部门。负责审查和审核的部门，将根据《试行办法》规定的审查内容和程序对用岛申请进行审查和审核。

此外，《试行办法》还针对《海岛保护法》实施前已获准的无居民海岛使用项目、用岛面积确权、海岛周边海域的生态保护和修复等内容作出了明确规定。凡符合海岛保护规划的，由县级（市级）政府补编无居民海岛保护和利用规划，并由国家海洋局或省级海洋主管部门补办无居民海岛使用手续，不再进行论证评审，但需提交无居民海岛使用申请书和无居民海岛开发利用具体方案，补缴无居民海岛使用金差价；不符合海岛保护规划的，不得办理无居民海岛使用手续。

12.3.2 无居民海岛使用金征收使用管理办法

2010年6月7日，财政部、国家海洋局联合印发《无居民海岛使用金征收使用管理办法》，共六章三十二条，自2010年8月1日起施行。确定了无居民海岛有偿使用制度、无居民海岛使用金最低价制度和评估制度，明确了无居民海岛使用金征收、免缴、使用、监督检查与法律责任，为落实无居民海岛有偿使用制度提供了依据。

无居民海岛使用金，是指国家在一定年限内出让无居民海岛使用权，由无居民海岛使用者依法向国家缴纳的无居民海岛使用权价款，不包括无居民海岛使用者取得无居民海岛使用权应当依法缴纳的其他相关税费。

无居民海岛使用金实行中央地方分成。其中20%缴入中央国库，80%缴入地方国库。实行就地缴库办法，纳入一般预算管理，主要用于海岛保护、管理和生态修复。

12.3.3 无居民海岛使用权登记办法

为规范无居民海岛使用权登记工作，保障无居民海岛使用权人的合法权益，国家海洋局2010年12月7日根据《中华人民共和国物权法》、《海岛保护法》，制定了《无居民海岛使用权登记办法》(以下简称《登记办法》)。

《登记办法》明确，无居民海岛使用权登记是指依法对无居民海岛的权属、面积、用途、位置、使用期限、建筑物和设施等情况所作的登记，包括无居民海岛使用权初始登记、变更登记和注销登记。依法登记的无居民海岛使用权受法律保护，任何单位和个人不得侵犯。无居民海岛使用权登记后进行公告。但是涉及国家秘密的除外。

《登记办法》对单位或个人进行无居民海岛登记的条件、需提交的申请材料以及登记受理的期限进行了规定。通过申请审批或者招标、拍卖、挂牌方式确定无居民海岛使用人的，使用人依法缴纳无居民海岛使用金后，申请初始登记。初始登记和变更登记的办理时间为受理后 10 个工作日内。

《登记办法》规定，无居民海岛使用权按照审批权限实行分级登记。国家海洋局和省、自治区、直辖市人民政府海洋主管部门是无居民海岛使用权登记机关（以下简称“登记机关”），负责无居民海岛使用权登记。国务院批准的用岛，由国家海洋局确权登记，颁发无居民海岛使用权证书或者无居民海岛使用临时证书。省级人民政府批准的用岛，由省级海洋主管部门确权登记，颁发无居民海岛使用权证书或者无居民海岛使用临时证书。无居民海岛使用权变更登记和注销登记由原登记机关办理。

12.3.4　无居民海岛开发利用具体方案编制办法

为指导和规范无居民海岛开发利用具体方案的编制工作，保护无居民海岛及其周边海域生态系统，促进海岛资源的可持续利用，国家海洋局 2010 年 10 月 20 日印发了《无居民海岛开发利用具体方案编制办法》(以下简称《编制办法》)。

《编制办法》明确，根据《海岛保护法》的规定，开发利用无居民海岛的单位和个人，在向海洋主管部门提出用岛申请的同时，必须一并提交《无居民海岛开发利用具体方案》(以下简称《方案》)。《方案》是申请审批开发利用无居民海岛的法定文件，也是各级政府审批开发利用无居民海岛项目的主要依据。

《编制方案》明确了编写《方案》的内容及要点，包括无居民海岛的基本情况、开发项目的基本情况、开发项目的空间布局、海岛开发的有关问题（即与海岛开发特殊性有关的问题）和开发海岛的保护措施五个方面。

单位和个人在开发海岛活动中，必须始终贯彻在保护中开发和在开发中保护的法律精神，严格按照上述要求编制《方案》。

相关文件：

1. 关于印发《无居民海岛开发利用具体方案编写大纲》的通知（国海岛字［2011］165号）

国家海洋局2011年3月24日下发该通知，规范了无居民海岛开发利用具体方案的编写大纲，包括无居民海岛的基本情况、开发项目的基本情况、开发项目的空间布局、海岛开发有关问题的处理、开发海岛的保护措施、保障措施和附图七个方面的内容。

2. 关于印发《无居民海岛使用项目论证报告编写大纲》的通知（国海岛字［2011］164号）

国家海洋局2011年3月24日下发该通知，规范了无居民海岛使用项目论证报告的编写大纲，包括概述、项目所在海岛概况、项目用岛与规划的符合性分析、项目用岛协调分析、空间布局合理性分析、海岛开发有关问题的处理措施合理性、海岛保护措施的有效性、保障措施合理性分析、结论与建议和附图十个方面的内容。

12.3.5 第一批开发利用无居民海岛名录

2011年4月12日，国家海洋局公布了我国第一批开发利用无居民海岛名录。名录涉及辽宁、山东、江苏、浙江、广东、广西、福建、海南等8个省区，共计176个无居民海岛。海岛开发主导用途涉及旅游娱乐、交通运输、工业、仓储、渔业、农林牧业、可再生能源、城乡建设、公共服务等多个领域。最长开发使用年限为50年，外籍人士和外资企业也可以按照相关规定申请开发。

目前我国已经将公布“开发利用无居民海岛名录”作为一项制度纳入常规工作，沿海各省（区、市）将依据海岛保护规划和海岛开发建设的实际需要，陆续公布无居民海岛的开发名录，积极发挥政府在无居民海岛开发建设活动中的引导作用，并加强海岛巡航执法检查，监督开发利用单位和个人严格依照国家法律政策和开发利用具体方案等开发建设海岛，以实现海岛开发和保护并举，推动海岛经济又好又快发展。

12.4　海岛界定与数量统计办法

国家海洋局海岛管理办公室 2010 年 12 月 15 日发布海岛统计办法，明确了海岛调查统计范围、现场调查判断海岛的方法以及海岛界定分类处理方法。

海岛统计办法所称海岛，是指海岸线向海一侧的四面环海水并在高潮时高于水面的自然形成的陆地区域。

现场调查可根据以下方法判断海岛：①高潮时高于水面的；②有明显高潮痕迹线的；③高潮痕迹线不明显的，根据潮汐表和当时潮位判断是否为海岛；④对于新发现的海岛，位置要准确测量，面积和高程准确测量存在困难的可以进行估算。

根据海岛统计办法，海岛可分为孤立型海岛、桥连岛、水上沙坝连岛、水下沙坝连岛、填海连岛，并明确了图例和判定方法等。

12.5　海岛名称管理办法

2010 年 4 月，国家海洋局正式启动全国海域海岛地名普查工作，成立了国家和省级工作领导小组，负责普查工作的组织实施。

2010 年 6 月 28 日，国家海洋局印发了《海岛名称管理办法》，共七章二十九条，规定海岛名称管理包括海岛命名、更名、名称注销、名称登记、名称发布与使用、名称标志设置等有关工作。明确由国家海洋局负责全国海岛名称管理。沿海县级以上人民政府海洋主管部门负责管辖区域内海岛名称管理。国家海洋局根据海岛名称登记情况，发布海岛标准名录。任何单位和个人使用海岛名称时，必须使用国家公布的标准名称。

相关文件：

1. 关于印发《全国海域海岛地名普查实施方案》的通知（国海管字〔2010〕267号）

2010年5月12日，国家海洋局发布该通知，提出了查清海域海岛地理实体及名称，对尚未命名的地理实体进行命名，对不规范的地理实体名称进行标准化处理，建立地名信息数据库，对重要海岛设置名称标志的总体目标。

国家海洋局成立全国海域海岛地名普查工作领导小组，领导小组下设办公室（办公室设在国家海洋局海岛管理办公室）和专家组。沿海省级海洋主管部门成立省级海域海岛地名普查工作领导小组。

《全国海域海岛地名普查实施方案》对全国海域海岛地名普查任务进行具体分工、要求和计划安排，要求全国海域海岛地名普查工作从2010年1月开始，至2012年12月结束。确定了经费保障，明确所需经费由中央财政和地方财政共同负担，国家任务所需经费由中央财政直接拨付承担单位，国家补助地方经费由中央财政拨付省财政。

2. 关于印发《中国海域海岛标准名录》编制要求的通知（国海岛字［2011］622号）、关于印发《全国海域海岛地名普查数据集》编制要求的通知（国海岛字［2011］623号）

2011年9月，全国海域海岛地名普查外业调查工作和名称标准化处理工作已经基本结束，普查工作即将全面转入成果编制阶段。为保障《中国海域海岛标准名录》和《全国海域海岛地名普查数据集》编制工作顺利开展，确保普查成果更加有效地服务于海洋经济发展和海岛开发与保护工作，国家海洋局2011年9月19日分别发布上述两份通知，对全国海域海岛的标准名录和地名普查数据集的编制提出了具体要求，确立了编制原则，明确了组织机构、任务分工及计划安排。

思考题：

1. 《海岛保护法》的立法宗旨和基本制度是什么？

2. 无居民海岛使用金的概念是什么？中央和地方财政如何分配？征收的海岛使用金主要用途是什么？

13 海岛保护行政执法职责

13.1 海岛保护行政执法的概念及主要任务

13.1.1 海岛保护行政执法的概念

海岛保护行政执法由“海岛保护”和“行政执法”两个基本的词汇组合而成，因而要了解海岛保护行政执法的概念，必须首先了解行政执法的概念。广义的执法是与立法相对应的，而行政执法是狭义上的执法。行政执法是指建立在近代国家权力的立法、执法、司法三分立的基础上的国家行政机关和法律委托的组织及其公职人员依照法定职权和程序行使行政管理权，贯彻实施国家立法机关所制定的法律的活动。

我们再来了解“海岛保护”的概念，《中华人民共和国海岛保护法》（以下简称《海岛保护法》）第二条第三款规定：“本法所称海岛保护，是指海岛及其周边海域生态系统保护，无居民海岛自然资源保护和特殊用途海岛保护。”海岛保护包括三方面内容：一是海岛及其周边海域生态系统保护。海岛及其周边海域生态系统是指由维持海岛存在的岛体、海岸线、沙滩、植被、淡水和周边海域等生物群落和非生物环境组成的有机复合体。海岛及其周边海域生态系统保护，是海岛生态保护的基本内容。二是无居民海岛自然资源保护。无居民海岛具有丰富的生物、林业、矿产、港口岸线、旅游和能源等资源，是海洋经济发展的重要支撑。三是特殊用途海岛的保护，对于领海基点所在海岛、国防用途海岛、海洋自然保护区内的海岛等具有特殊用途或者特殊保护价值的海岛，实行特别保护制度，对于保护海岛生态系统的完整性，维护国家海洋权益具有重要意义。

在明确了上述两个概念后，我们再来了解一下“海岛保护行政执法”的行政主体，《海岛保护法》第四十一条第二款规定：“海洋主管部门及其海监机构依法对海岛周边海域生态系统保护情况进行监督检查。”这样海岛保护行政执法的概念也就清晰了，海岛保护行政执法是指海洋主管部门及其所属的海监机构，依照《海岛保护法》及相关配套法规、规章、制度，依照法定职权和程序行使行政管理权，贯彻落实国家法律法规，依法保护海岛及其周边海域生态系统、无居民海岛自然资源和特殊用途海岛的活动。

海岛保护行政执法具有以下几个方面的特征：

（1）海岛保护行政执法领域具有特定性。海岛保护行政执法顾名思义，行政执法的领域为海岛管理领域，是一种专业领域的行政执法。

（2）海岛保护行政执法的对象具有特定性。与抽象行政行为的对象是不特定的不同，海岛保护行政执法的对象是特定的，包括特定的人和事。

（3）海岛保护行政执法的形式具有多样性。与其他领域的行政执法一样，海岛保护行政执法的基本形式不是单一的，而是具有多样性的特定，具体包括行政检查、行政命令、行政处罚等。

13.1.2　海岛保护行政执法的主要任务

《海岛保护法》第一条规定：“为了保护海岛及其周边海域生态系统，合理开发利用海岛自然资源，维护国家海洋权益，促进经济社会可持续发展，制定本法。”这是《海岛保护法》关于立法目的的规定，也是海岛保护行政执法的主要任务，海岛保护行政执法主要由以下四项任务：

（1）保护海岛及其周边海域生态系统

与大陆相比，海岛四面环水、面积狭小、地质结构单一，岛上生态系统相对独立，食物链层次少，复杂程度低，生物多样性指数较小，生物物种之间的关系简单，海岛生态系统十分脆弱，稳定性差，易遭受损害。可以说任何物种的灭失或生态环境的改变，都将对整个海岛的生态系统造成严重的影响和破坏，且难以修复。随着近年来人类科技的不断发展，开发利用海岛活动也不断增多，一些无序、盲目的开发行为致使部分海岛的生态环境急剧恶化，破坏了海岛及其周边海域的生态系统。因此，海岛保护行政执法的首要任务是保护海岛及其周边海域生态系统。

（2）监督检查海岛及周边海域的开发利用活动

我国海岛具有丰富的生物资源、空间资源、旅游资源和可再生能源等。近年来，不少海岛的开发利用缺少规划，开发的随意性较大，重开发、轻保护的现象较为明显，这些都对海岛的自然资源造成了破坏。所以，监督检查海岛及周边海域的开发利用活动也是海岛保护行政执法的基础。

（3）依法查处各类海洋违法行为

海岛保护行政执法监督检查的依据不仅仅是《海岛保护法》，还有可能涉及《中华人民共和国海域使用管理法》和《中华人民共和国海洋环境保护法》等规定的范畴，所以依法检查和处罚各类海洋违法行为是海岛保护行政执法的重要组成部分。

（4）宣传法律法规，提高依法用岛意识

海岛保护行政执法对于行政相对人来说是个较为新鲜的行政执法模式，《海岛保护法》也是自 2010 年 3 月 1 日才正式颁布实施的，所以海岛保护行政执法的另一项任务就是宣传法律法规，提高相对人的依法用岛、依法护岛意识。

13.2 区域管辖

海洋行政执法的管辖是确定某一区域或某一海洋行政违法行为应由哪一级或哪一个部门实施行政执法的法律制度，海洋行政执法管辖分为区域管辖、层级管辖、指定管辖三种类型。

海岛保护行政执法区域管辖包含监督检查管辖权和海洋行政处罚管辖权，是海洋行政主管部门对其所属海监机构的国家、省、市、县四级执法单位的管辖区域进行的明确划分。根据国家海洋局《中国海监海岛保护与利用执法工作实施办法》(国海办字 2010 ［782］) 号文件的规定，中国海监各级机构开展海岛保护与开发利用的行政执法工作实行区域管辖制度，各级执法机构的区域管辖范围如下：

中国海监总队负责中华人民共和国所属海岛的保护与开发利用行政执法工作。

中国海监北海总队负责渤海和黄海北部我国所属海岛的保护与开发利用行政执法工作；中国海监东海总队负责东海和黄海南部我国所属海岛的保护与开发利用行政执法工作；中国海监南海总队负责南海我国所属海岛的保护与开发利用行政执法工作；中国海监各海区总队所属的海区支队，按海区总队的分工，负责相关海域内的海岛保护与开发利用行政执法工作。

各省级、市级、县级海监机构负责本行政区内的海岛保护与开发利用行政执法工作；各级海洋自然保护区和特别保护区海监机构负责本保护区内的海岛保护与开发利用行政执法工作。

根据工作需要，上级海监机构可以指定下级海监机构开展特定区域海岛的保护与开发利用行政执法工作。

海岛保护行政执法的区域管辖制度，是对各级海监机构实施海岛保护行政检查和海岛保护行政处罚的区域范围进行的划分，是明确其分工的重要措施，是解决各级海监机构在各自的管辖区域内，履行法定职责的主要依据。明确规定海监机构的区域管辖范围，有利于防止海监机构在实施行政执法时越权执法或者重复执法的现象，同时也可以对那些有管辖职责而不认真履行的海监机构进行约束。

13.3 层级管理

层级管理是指在各级海监机构在行政执法管理过程中，明确各层级的职责、权力和利益，各在其位，各司其职，各负其责，严格按照层级权限开展工作。

中国海监是由国家海洋行政主管部门领导的一支海洋行政执法队伍。中国海监总队是中国海监的领导机关，在北、东、南三个海区分别设有中国海监北海总队、东海总队、南海总队；在沿海省、市、县分别设有中国海监省（自治区、直辖市）总队、中国海监市（地）支队和中国海监县（市、区）大队。海岛保护行政执法层级管理是根据海监机构的层级来确定其工作职责和权限，以及解决不同层级的海监机构之间的管理关系，也就是哪些行政执法工作由哪一级海监机构实施，以及低级别和高级别的海监机构之间的层级关系等。

国家海洋局在《中国海监海岛保护与利用执法工作实施办法》(国海办字2010［782］) 号文件的规定中对海岛保护与利用行政执法工作的层级管理作了原则性规定。中国海监各级机构开展海岛保护与开发利用的行政执法工作，实行层级管理制度。各级海监机构层级管理如下：

（1）中国海监总队负责全国海岛执法工作的领导和监督检查，制定全国海岛执法工作的方针政策，组织重大的海岛执法行动，办理有必要由中国海监总队直接查处的案件。

（2）中国海监各海区总队负责组织协调和指导监督本辖区内各级海监机构的海岛行政执法工作，组织开展本辖区内的重大海岛执法行动。全面开展本辖区内海岛的执法检查工作，负责查处领海基点所在海岛和国防用途海岛的违法案件，查处国务院审批权限内的无居民海岛开发利用项目的违法案件；

（3）中国海监各海区总队所属支队根据海区总队的分工，负责本辖区内的海岛执法检查和案件查处工作，对省级、市级、县级海监机构的海岛执法工作进行监督。

（4）省级、市级、县级海监机构负责本行政区内海岛执法工作的领导和监督检查工作，制定本辖区内海岛执法工作的规划和计划，组织本辖区内海岛执法检查和违法案件的查处工作。

（5）国家级、省级、市级、县级海洋自然保护区和特别保护区内的海岛，执法检查和案件查处工作由保护区海监机构和设立保护区的人民政府所属海洋主管部门的海监机构共同负责。

13.4　案件查处

案件查处是海岛保护行政执法的一种具体行政行为，是海岛保护行政执法活动中十分重要的一种执法手段。对于保证海岛法律、法规的贯彻执行，打击海岛保护违法行为，依法规范海岛保护行政处罚行为，保障海岛保护行政相对人的合法权益，维护正常海岛开发利用秩序具有重要意义。

开展案件查处的目的是保证国家海岛管理法律、法规和规章的贯彻和实施，维护海岛开发利用和保护的管理秩序，应遵循以下基本原则：依法原则。开展案件查处工作必须做到依法行政，执法人员应当依照《中华人民共和国行政处罚法》、《海岛保护法》以及相关法律法规规定的职权、程序、期限和形式执行公务。具体做到执法的主体合法、执法的程序合法、行政检查的内容合法和采取的措施合法；及时原则。主要指及时对海岛附近海域实施执法检查，及时发现和查处违法行为；准确原则。所认定的违法行为事实清楚，证据充分，定性准确，使用法律准确，程序合法，量罚适当等。

中国海监各级机构的海岛违法案件查处工作，实行层级管理和“谁发现谁查处”相结合的原则，除已有明确规定外，实行“谁发现谁查处”，即先发现违法行为的海监机构可以直接进行查处，也可以将案件移交给有管辖权的海监机构查处。直接进行查处的，要将查处结果通报有管辖权的海监机构。

中国海监各级机构查处的违法案件，可以采取以下管理方法：

（1）直接查处

依据现行海岛法律、法规、规章和文件的规定，发现海岛违法行为的海监机构可直接进行查处。

（2）移交查处

下级海监机构如认为确有必要，可以把海岛违法案件报请上一级海监机构查处；上级海监机构认为确有必要，可以把海岛违法案件移交下级海监机构查处；各级海监机构发现的不属于中国海监管辖的违法行为，移交给有管辖权的部门查处。

（3）指定查处

中国海监各级机构已立案的案件，立案的海监机构认为不宜由本级海监机构查处的，可以请求上级海监机构指定其他海监机构查处。上级海监机构认为不宜由立案海监机构查处的，可以指定其他海监机构查处。对管辖权有争议的海岛违法案件，由共同的上级海监机构指定案件查处机构。

（4）挂牌督办

对于造成恶劣或者重大社会影响的海岛违法行为的查处工作，由中国海监总队实行挂牌督办。挂牌督办案件的办案机关由中国海监总队指定，办案机关必须按照中国海监总队规定的时限等要求执行。中国海监总队对挂牌督办案件实行全过程的跟踪、指导和监督，对工作不力的办案机关要按照相关规定追究责任。

（5）案件通报

中国海监各级机构应加强海岛违法案件的通报工作，每季度将案件查处情况向上级海监执法机构和同级海岛管理部门及相关部门书面通报，重大海岛违法案件的处理应及时通报。对执法中发现的重大问题和有关情况提请海岛管理部门会商。

思考题：

1. 海岛保护执法概念及特征是什么？
2. 海岛保护执法的主要任务是什么？
3. 简述海岛保护执法的区域管辖。

14 海岛保护行政检查

2010年3月1日，《海岛保护法》生效以来，国家海洋局和中国海监总队先后下发了《中国海监海岛保护与利用执法工作实施办法》、《中国海监海岛定期巡查工作规则》、《关于加强无居民海岛开发利用活动执法检查工作的通知》、《关于中国海监各海区总队开展海岛保护定期巡航执法工作的意见》等文件。这些文件中都对开展海岛保护行政检查工作提出了明确的要求和具体的规范，是指导中国海监各级机构开展海岛保护行政检查工作的重要依据。

行政检查是行政机关在行政执法活动中采用的一种常见的、重要的行政执法方式。在海岛保护行政执法领域，海岛行政检查是海洋行政执法主体在行政活动中了解情况、收集信息、获取材料的重要手段。如果缺乏对相关情况的掌握和了解、缺乏对相关信息的收集以及材料的获取，海监机构就可能难以有效地进行行政执法活动，其做出的处罚决定等也会因调查不充分而存在一定的缺陷。海岛保护行政检查是保证国家海岛管理法律、法规和规章的贯彻和实施，维护国家、企事业单位和公民的合法权益，维护国家海岛管理秩序，保护海岛生态系统的主要手段，是海洋行政执法的重要组成部分，具有权威性和强制性。“有法可依、有法必依、执法必严、违法必究”是社会主义法治的基本原则，这里的“有法可依”是针对的立法而言，而“有法必依、执法必严、违法必究”则是对行政检查工作提出的具体要求。同时，海岛保护行政检查也是教育公民和法人遵纪守法、提高海岛保护意识的有效手段。

为了保护有居民海岛及其周边海域的生态环境、无居民海岛保护和开发利用活动和特殊用途海岛保护，海洋行政主管部门及其所属海监机构依据《海岛保护法》及相关法规、规章，主要对有居民海岛、无居民海岛和特殊用途海岛开展海岛保护行政检查活动。具有以下特征：

（1）海岛保护行政检查的主体是海洋行政主管部门及其所属的海监机构。我们所称的海岛保护行政检查狭义上主要是指海洋行政主管部门及其所属的海监机构行使行政职权并承担相应法律后果。

（2）海岛保护行政检查的对象是行政相对人。行政相对人是行政法律关系中与行政主体相对应的另一方当事人，是作为被管理方而存在和出现的，具体包括公民、法人和其他组织，这些都可以成为海岛行政检查的对象，行政执法部门在职权范围内对其实施行政检查。

（3）海岛保护行政检查的内容是相对人守法的情况。行政执法部门实施行政检查行为，其目的就是为了了解相对人遵守法律和执行行政决定的情况，因此，海岛保护行政检查的内容既包括行政相对人遵守法律、法规和规章的情况，也包括行政相对人执行行政决定、命令的情况。

（4）海岛保护行政检查必须依法进行。任何行政机关的执法行为必须合法，这是我国实现依法行政，构建法治国家的要求。作为海岛保护行政执法重要组成部分的海岛保护行政检查也必须依法开展。

14.1　检查内容

14.1.1　有居民海岛的检查内容

有居民海岛是指有居民户籍管理的住址登记地的海岛。

中国海监依法对有居民海岛及其周边海域生态保护进行监督检查。重点检查：

（1）是否存在未经批准，填海、围海等改变有居民海岛岸线和填海连岛

20 世纪 90 年代以来，围海、填海等改变海岛海岸线的行为，特别是填海连岛工程建设，永久性毁坏了沙滩、岩岸，减少了海港面积，破坏了海洋生物的栖息地以及部分海洋生物的自然产卵场、繁殖场等，给海岛的生态环境造成了不可逆转的损害，导致我国海岛生态环境日益恶化，海岛生态安全面临的形势十分严峻。因此《海岛保护法》规定严格限制填海、围海等改变有居民海岛海岸线的行为以及填海连岛工程建设；确需填海、围海改变海岛海岸线，或者填海连岛的，项目申请人应当提交项目论证报告、经批准的环境影响评价报告等申请文件，依照《海域使用管理法》的规定报经批准。

（2）在有居民海岛周边海域进行违法开发利用活动的行为

部分有居民海岛周边海域自然、旅游资源丰富，也导致了各类违法开发利用活动时有发生，应加强对有居民海岛周边海域的监督检查，严厉打击违法开发利用活动。

（3）是否存在采挖、破坏珊瑚和珊瑚礁，砍伐有居民海岛周边海域红树林的行为

珊瑚礁生态系统是海洋生态系统中生物多样性最高的地方，珊瑚礁生态系统不仅为人类的生产和生活提供各种生物资源，而且具有巨大的生态功能和价值，对保障生物多样性、维护生态平衡具有重要作用。我国南部海域珊瑚及珊瑚礁资源丰富，目前破坏情况严重，因此必须采取坚决措施，禁止采挖、破坏珊瑚和珊瑚礁；红树林是一种热带、亚热带特有的海岸带植物群落，因主要由红树科的植物组成而得名，是陆地向海洋过度的特殊生态系统，具有极其重要的生态功能，被誉为“海上森林”、“地球之肾”、“天然养殖场”，不仅生态价值、景观价值很高，还具有很强的防灾减灾功能，因此必须禁止砍伐海岛周边海域的红树林。

（4）是否存在向有居民海岛及其周边海域违法排放污染物的行为；是否存在未经批准，在有居民海岛沙滩上建造构筑物或者设施、擅自采挖海砂的行为

排放污染物对海岛生态环境造成的影响非常大，必须坚决查处此类违法行为；我国部分地方在海岛投资开发旅游业，在海岛及其沙滩上改建和扩建旅游景点以及相关娱乐设施，在沙滩上建造建筑物或者设施，虽然获得了独特的风景和下海的便利，但对沙滩及其周边海域生态的破坏非常严重，因此对此种行为必须进行约束和规范；在有居民海岛沙滩采挖海砂，会对海岛的海岸线及其周边海域生态系统产生不利影响，必须严格遵守海域使用管理、矿产资源法律、法规的规定，符合国家海洋功能区划、海域使用规划、海洋开发规划等，应以保护海洋生态、环境和海洋设施为前提，而且开采活动必须在勘查的基础上进行，未经探明的资源不得随意开采。

14.1.2　无居民海岛的检查内容

我国无居民海岛共 6 500 多个，约占全国海岛总数的 93.8%。无居民海岛是指不属于居民户籍管理的住址登记的海岛，相对于有居民海岛，一般面积较小，远离大陆。无居民海岛是海岛保护行政检查的重要内容。

中国海监依法对无居民海岛保护和开发利用活动进行监督检查。重点检查：

（1）是否存在未经批准，在无居民海岛填海、围海；是否存在未经批准，进行生产、建设或者组织开展旅游活动；是否存在未经批准，采石、挖海砂、采伐林木或者采集生物、非生物样本；是否存在未经批准，严重改变无居民海岛自然地形、地貌的行为。

无居民海岛面积小，生态系统机构简单、脆弱。对于未经批准利用的海岛应以保护为主，不得改变海岛自然原始状态，减少人类活动的干扰和影响。从无居民海岛保护与管理实际情况来看，随意上岛采石、挖海砂、

采伐林木，以及未经批准进行生产、建设、旅游等行为时有发生，对海岛资源和生态的破坏性较大，因此《海岛保护法》明确规定，禁止未经批准开发利用的无居民海岛上采石、挖海砂、采伐林木以及进行生产、建设、旅游等活动。

（2）经批准在无居民海岛进行开发利用活动的，是否按照海岛保护规划实施，是否按照批准的开发利用具体方案的内容实施；开展旅游活动的，是否存在建造居民定居场所的行为；临时性利用无居民海岛的，是否存在建造永久性建筑物或者设施的行为。

无居民海岛生态脆弱，盲目、无序的开发将导致海岛生态遭到严重破坏，目前我国大多数无居民海岛不适宜进行规模性开发利用。因此《海岛保护法》对无居民海岛开发利用提出明确要求：未经批准利用的无居民海岛，应当维持现状，不能开发利用；开发利用的无居民海岛应当是经全国海岛保护规划确定的可利用无居民海岛，开发利用应当符合海岛保护规划；无居民海岛开发利用应当遵守可利用无居民海岛保护和利用规划；开发利用无居民海岛，应当履行无居民海岛保护义务，采取严格的生态保护措施，避免造成海岛及其周边海域生态系统破坏。

（3）无居民海岛开发利用过程中产生的废水，是否按照规定进行处理和排放；产生的固体废物，是否按照规定进行无害化处理、处置；是否存在向无居民海岛及其周边海域违法排放污染物的行为。无居民海岛生态脆弱，环境容量小，纳污能力有限，废水、废物的排放对无居民海岛及其周边海域生态系统影响很大，应当加以必要的监督检查。

（4）开发利用无居民海岛的单位是否依法缴纳海岛使用金。无居民海岛归国家所有，国家作为无居民海岛的所有人，所以无居民海岛的开发利用应该有法律制度来保障其作为所有人的经济权益得以实现。开发利用无居民海岛经批准后，开发利用者应依法缴纳无居民海岛使用金后才取得无居民海岛的合法使用权利。

14.1.3　特殊用途海岛的检查内容

《海岛保护法》规定的特殊用途海岛包括领海基点所在海岛、国防用途海岛、海洋自然保护区内的海岛等。领海基点是划定领海的起始点，也是确定我国专属经济区和大陆架的起点，直接关系到国家的海洋权益，对于国家的政治、军事、经济等具有重要意义；国防用途海岛是指用于维护国防安全目的的岛屿；海洋自然保护区内的海岛保护执法工作也是海洋行政主管部门及其所属海监机构海岛保护行政执法的重点保护区域。

中国海监依法对特殊用途海岛保护进行监督检查。重点检查：

（1）是否存在未经批准改变海洋自然保护区内海岛的海岸线，填海、围海等改变海岛岸线和填海连岛的行为。《海岛保护法》严格限制填海、围海等改变有居民海岛海岸线的行为以及填海连岛工程建设；确需填海、围海改变海岛海岸线，或者填海连岛的，项目申请人应当提交项目论证报告、经批准的环境影响评价报告等申请文件，依照《海域使用管理法》的规定报经批准，取得海域使用权。

（2）在领海基点保护范围内是否存在未经批准的工程建设以及其他可能改变该区域地形、地貌的活动；领海基点标志是否损毁或者移动。保护范围是指为了保障领海基点的安全和使用效能，防止人为破坏和减少自然侵蚀，依法对领海基点所在海岛周围划定的，禁止某种活动的区域。由于领海基点的特殊性和重要性，我们应加强保护海岛领海基点，晋级对领海基点及周围海域的各种破坏性活动，坚决维护我国海洋权益。

（3）国防用途无居民海岛的自然地形、地貌是否遭到破坏；有居民海岛国防用途区域及其周边的地形、地貌是否遭到破坏；国防用途无居民海岛是否存在用于与国防无关的行为。国防用途无居民海岛一般都处在海防前哨，在我国海防战略框架中具有不可替代的作用，是保障国防安全的重要阵地。《海岛保护法》第三十八条第一款规定：“禁止破坏国防用途无居民海岛的自然地形、地貌和有居民海岛国防用途区域及其周边的地形、地貌。”

（4）特殊用途或者具有特殊保护价值的海岛，是否存在其他违反相关保护规定的行为。

14.2 检查手段

海监机构开展海岛保护与开发利用的行政检查，采取卫星遥感、航空巡视、船舶巡航和登岛巡查相结合的手段进行，发挥海监飞机的航空巡视优势，利用航空拍摄、摄像及遥感技术及时掌握海岛保护和开发利用情况，引导海监船舶和执法人员开展海岛巡航和登岛巡查工作。

14.2.1 卫星遥感

卫星遥感指以人造地球卫星作为遥感平台的各种遥感技术系统的统称，作为高科技的执法手段之一卫星遥感技术在我国海洋部门的行政检查活动中发挥了重要的作用。海岛保护行政检查中的卫星遥感是指中国海监机构利用卫星遥感信息，掌握辖区内海岛开发利用和保护情况，用以指导执法人员开展海岛保护行政检查工作。

面对严峻的海洋、海岛管理形势，海监机构对全面、及时掌握海岛利用动态变化情况的需求越来越迫切，卫星遥感技术已然成为实现信息化、现代化的重要手段，是海岛保护行政检查的“千里眼”和“杀手锏”。如某海岛，在未经批准的情况下，擅自填海实施某项目，这种变化通过对该海岛前后两个月的遥感影像对比可以看得清清楚楚。这就是卫星遥感技术在海岛保护行政检查中的“千里眼”作用。卫星遥感技术作为海岛保护行政检查的重要高科技手段，实现了海岛违法行为的及时发现，为依法保护和合理开发利用海岛提供了执法依据和重要信息。

14.2.2　航空巡视

航空巡视是指中国海监执法人员使用中国海监飞机，利用航空拍摄、摄像及遥感技术对海岛进行空中执法巡视。航空巡视在海监机构实际执法工作中运用的范围越来越广，作为一种海洋行政执法手段，日益显现其应对突发事件和重大事件的反应快速性、空中视线优越性，已成为海上执法一种不可替代的手段。航空巡视已经在维权行政检查、海域行政检查、海洋环境行政检查和应对各类海洋突发事件等各个方面发挥了重要和不可替代的作用。由于我国部分海岛位于离岸较远的海域，乘船海上巡视有时无法快速达到目标海岛，部分无居民海岛目前也暂不具备船舶停靠的条件，所以在海岛保护行政执法工作中，航空巡视将继续发挥其优势，成为海岛保护行政检查的重要手段之一。

《中国海监海岛定期巡查工作规则》(海监字［2011］25 号）规定：在每次航空巡视中，按《海岛保护执法航空数码摄影和遥感测量取证规则》(海监航字［2010］220 号）的要求，对每个巡视的海岛进行拍照、摄像和记录。各海区每年对辖区内每个海岛航空巡视不少于 1 次，每个海岛的航空拍摄照片不少于 3 张。在航空巡视中，应按计划分批获取我国有居民海岛海岸线周边和无居民海岛的三维地形信息，逐步建立和完善航空遥感正射影像图、数字高程模型和数字表面模型数据库。

14.2.3　船舶巡航

船舶巡航是指中国海监执法人员使用中国海监船艇等交通工具，以海岛为中心绕岛航行对海岛进行全面执法巡查。船舶巡航是海岛保护行政检查中较为普遍和极为重要的检查手段，具有直观、全面等特点。船舶巡航被广泛应用于海监机构的维权行政执法、海域行政执法、海洋环境保护行政执法、海岛保护行政执法以及各类突发事件的处置及应对工作。

《中国海监海岛定期巡查工作规则》(海监字［2011］25 号）规定：

在每次船舶巡航中，对每个巡查海岛的检查情况，按要求进行记录、拍照和摄像。对每个巡查海岛拍摄照片不少于5张。要求对辖区内有开发利用或保护活动的无居民海岛，每季度船舶巡航不少于2次。

14.2.4 登岛检查

登岛检查是指中国海监执法人员到达海岛陆地区域，依法实施现场行政检查。登岛检查是海岛保护行政检查的基本手段，也是最为直接的行政检查手段，通过执法人员现场勘查海岛保护与开发利用现状，可以发现并现场处置各类海岛违法行为。

《中国海监海岛定期巡查工作规则》(海监字［2011］25号）规定：在每次登岛巡查中，对每个巡查海岛的检查情况，按要求进行记录、拍照和摄像，并及时发现和制止各种海岛违法行为。对辖区内重点监管的海岛，每季度每个海岛登岛巡查不少于1次。

14.2.5 岸线巡查

岸线巡查是指中国海监执法人员利用中国海监执法车辆对有居民海岛岸线及其周边海域开展行政检查。岸线巡查工作应结合海域使用和海洋环境保护行政检查工作实施。

14.3 检查方式

海监机构开展海岛保护与开发利用的行政检查，采取定期执法巡查、不定期执法巡查、专项执法检查和联合执法检查相结合的检查方式。

14.3.1 定期执法巡查

《中国海监海岛定期巡查工作规则》(海监字［2011］25号）规定：中国海监各级机构都要建立定期执法巡查制度，每季度对本辖区内海岛进行一次执法巡查，及时发现和制止各种破坏海岛资源与生态环境的行为。定期执法巡查指海监机构根据工作计划安排，对管辖区域的海岛组织开展的有规律的行政检查活动。定期执法巡查工作要对本辖区内所有海岛进行全面的执法巡查，重点海岛进行登岛巡查。航空执法巡查要覆盖我国管辖海岛，对各海岛进行航空拍摄、摄像，每年不少于1次。要采用航空遥感技术，获取有居民海岛海岸线周边和无居民海岛的三维影像等本底信息。每次定期巡查工作都要对巡航路线、巡查海岛及巡航中发现和处理的情况进行详细记录。

14.3.2　不定期执法巡查

不定期执法巡查主要是海监机构对举报或发现的违法行为开展的有针对性的行政检查活动。根据工作需要，中国海监各级机构可以开展不定期海岛执法检查。不定期执法检查主要是配合海岛管理部门开展的海岛管理中心工作，纠正本辖区内海岛保护与开发利用中存在的主要或倾向性的问题。不定期执法检查应作为各级海监机构履行海岛执法职能的一种常规工作形式。

14.3.3　专项执法检查

专项执法检查指海监机构对某一项海岛保护与开发利用活动、针对某一区域的海岛或各类海岛突发、重大事件开展的行政检查活动。中国海监各级机构对本辖区内发生的海岛突发事件、重大或多发违法事件、严重侵权事件等，应当及时组织专项执法检查行动。开展海岛专项执法检查行动必须有明确的执法检查任务，建立有效的组织系统，制定详细的专项执法检查方案并报上级海监机构备案。

14.3.4　联合执法检查

联合执法检查主要指海监机构内部的联合执法检查，一般由两支以上的海监机构联合开展。中国海监各级机构在本辖区内开展的定期执法巡查、不定期执法检查、专项执法检查等执法活动，可以采取与相关海监机构联合执法的形式进行。联合执法检查行动可以采取统一组织、统一检查的形式进行，也可以采取统一组织、分区或分类检查的形式进行。对在联合执法检查行动中发现的违法行为，可以以组织该行动的海监机构的名义查处，也可以由有管辖权的海监机构查处。

14.4 海岛保护行政检查信息的采集与管理

海岛保护行政检查信息的采集与管理在海岛执法工作中占有特殊而重要的地位，海岛保护行政检查所采集的信息也是国家海岛监视监测系统海岛动态信息的主要来源。系统、完整的海岛保护行政检查信息既可以为海岛主管部门进行政策制定提供可靠依据，也可以有效地指导各级海监开展海岛保护行政执法工作。

14.4.1 海岛保护行政检查信息采集

按照《中国海监海岛定期巡查工作规则》的要求，中国海监各级机构使用国家公布的海岛标准名称及其基础信息开展定期巡查工作。国家海洋信息中心负责向各海区总队和各省（区、市）总队提供和更新各辖区内所有海岛的海岛标准名称及其基础信息。以《海岛基础信息表》(一岛一表，格式详见附表1）的方式提供。在巡查中发现海岛的基本状况有改变的，各海区总队和各省（区、市）总队负责及时将有关改变内容报国家海洋信息中心。

附表 1：

海岛执法基础信息表

填表单位：　　　　　　　　　　　　填表日期：　　年　月　日

<table>
<tr><td>海岛名称</td><td colspan="3"></td><td>汉语拼音</td><td colspan="2"></td></tr>
<tr><td>海岛别名</td><td colspan="3"></td><td>曾用名</td><td colspan="2"></td></tr>
<tr><td>所在海区</td><td colspan="6">□渤海　□黄海　□东海　□南海</td></tr>
<tr><td>行政隶属</td><td colspan="6">省（直辖市、自治区）　市　县（市、区）</td></tr>
<tr><td>地理位置</td><td>北纬</td><td colspan="2"></td><td>东经</td><td colspan="2"></td></tr>
<tr><td>海岛类型</td><td colspan="6">□有居民海岛
□无居民海岛　（□已开发无居民海岛　□未开发无居民海岛）
□特殊用途海岛（□领海基点　□国防用途　□海洋自然保护区
□其他具有特殊保护价值的海岛）</td></tr>
<tr><td>近陆距离</td><td>千米</td><td>岸线长度</td><td>米</td><td>最高点高程</td><td colspan="2">米</td></tr>
<tr><td>面积</td><td>平方米</td><td>户籍人口</td><td>人</td><td>常住人口</td><td colspan="2">人</td></tr>
<tr><td>海岛形态</td><td colspan="2">□群岛　□列岛　□独岛</td><td>物质类型</td><td colspan="3">□基岩□沙泥□珊瑚□其他</td></tr>
<tr><td>规划情况</td><td colspan="6">□全国 □省级 □设区市级 □县级 □乡镇级 □其他规划 □无</td></tr>
<tr><td rowspan="3">开发利用</td><td>类型</td><td colspan="5">□旅游娱乐　□交通运输　□工业　□仓储　□渔业
□农林牧业　□可再生能源　□城乡建设　□公共服务□保留类
□其他用途</td></tr>
<tr><td>方式</td><td colspan="5">□填海连岛　□填海　□炸岛
□基本没改变地形地貌　□完全没改变地形地貌</td></tr>
<tr><td>评价</td><td colspan="5">□开发利用情况符合规划　□开发利用情况不符合规划</td></tr>
<tr><td rowspan="3">许可情况</td><td>□有　□无</td><td>许可机关</td><td colspan="4"></td></tr>
<tr><td>许可文号</td><td></td><td>许可时限</td><td colspan="3">年　月　日至
年　月　日</td></tr>
<tr><td>许可内容</td><td colspan="5"></td></tr>
<tr><td>码头</td><td>□有 □无</td><td>简要描述</td><td colspan="4"></td></tr>
<tr><td>备注</td><td colspan="6">（描述定期巡航中发现的海岛基础信息发生的变化情况）</td></tr>
</table>

每次海岛行政检查，执法人员都应按规定填写所有巡查海岛的《海岛执法检查情况表》(一岛一表，按照有居民海岛、无居民海岛和特殊用途海岛分别使用附表2、附表3和附表4）和《海岛执法检查航次登记表》(见附表5)。每季度填写《海岛执法记录统计表》(见附表6)。

附表2：

有居民海岛执法检查情况表

检查单位：　　　（公章）　　　　　　检查日期：　年　月　日

海岛名称		代码	
行政隶属	省（直辖市、自治区）　市　县（市、区）		
北纬		东经	
检查方式	□船舶巡航　□航空巡视　□登岛检查　□卫星影像 □岸线巡查		
岸线是否改变	□基本未改变 □严重改变	原因	
填海连岛	□合法　□违法	描述	
采挖珊瑚、珊瑚礁	□存在　□不存在	描述	
破坏红树林	□存在　□不存在	描述	
向海岛及其周边海域违法排放污染物	□存在　□不存在	描述	
禁止开发区域的开发利用活动	□存在　□不存在	描述	
限制开发区域的开发利用活动	□合法　□违法	描述	
在沙滩上建造建筑物或者设施	□合法　□违法	描述	
备注	（其他违法行为的描述）		

说明：执法检查时，针对每个有居民海岛填写此表。无居民海岛执法检查情况表、特殊用途海岛执法检查情况表与此表填写方式相同。

附表3：

无居民海岛执法检查情况表

检查单位：　　　（公章）　　　　　　　　　检查日期：　　年　月　日

海岛名称		代码	
行政隶属	省（直辖市、自治区）　市　县（市、区）		
北纬		东经	
检查方式	□船舶巡航　□航空巡视　□登岛检查　□卫星影像　□岸线巡查		
岸线是否改变	□基本未改变　□严重改变	原因	
填海连岛	□合法　□违法	描述	
采石行为	□合法　□违法	描述	
采挖海砂	□合法　□违法	描述	
采伐林木	□合法　□违法	描述	
采集生物、非生物标本	□合法　□违法	描述	
开展生产建设活动	□合法　□违法	描述	
组织开展旅游活动	□合法　□违法	描述	
严重改变无居民海岛自然地形、地貌	□存在　□不存在	描述	
废水是否按规定处理和排放	□是　□否	描述	
固体废物是否进行无害化处理、处置	□是　□否	描述	
向海岛及其周边海域违法排放污染物	□存在　□不存在	描述	
在临时性利用无居民海岛上建造永久性建筑物或者设施	□存在　□不存在	描述	
在批准开发旅游的海岛上建造居民定居场所	□存在　□不存在	描述	
开发利用活动	□经批准　□未经批准 □符合海岛保护规划　□不符合海岛保护规划 □符合开发利用具体方案　□不符合开发利用具体方案		
海岛使用金	□依法一次性缴纳　□依法分批次缴纳 □拖欠未缴		
公益设施	□有　□无	保护情况	□完好　□毁损 （简要描述）＿＿＿＿＿
	类型	□助航导航　□测量　□气象观测 □海洋监测　□地震监测 □其他：＿＿＿＿＿＿	

附表4：

特殊用途海岛执法检查情况表

检查单位：　　　　（公章）　　　　　　　　　　　检查日期：　　年　月　日

<table>
<tr><td>海岛名称</td><td></td><td>代码</td><td></td></tr>
<tr><td>行政隶属</td><td colspan="3">省（直辖市、自治区）　　市　　县（市、区）</td></tr>
<tr><td>北纬</td><td></td><td>东经</td><td></td></tr>
<tr><td>检查方式</td><td colspan="3">□船舶巡航　□航空巡视　□登岛检查
□卫星影像　□岸线巡查</td></tr>
<tr><td>海岛类型</td><td colspan="3">□领海基点　□国防用途　□海洋自然保护区
□其他具有特殊保护价值的海岛</td></tr>
<tr><td>岸线是否改变</td><td>□基本未改变　□严重改变</td><td>原因</td><td></td></tr>
<tr><td>填海连岛</td><td>□合法　□违法</td><td>描述</td><td></td></tr>
<tr><td>在领海基点保护范围内开展工程建设</td><td>□合法　□违法</td><td>描述</td><td></td></tr>
<tr><td>改变海岛地形地貌</td><td></td><td></td><td></td></tr>
<tr><td rowspan="2">领海基点标志</td><td colspan="3">□完好　□自然毁损　□人为毁损　□正常移动
□非法移动</td></tr>
<tr><td colspan="3">原因</td></tr>
<tr><td>国防用途海岛是否存在用于与国防无关的行为</td><td>□存在　□不存在</td><td>描述</td><td></td></tr>
<tr><td>是否存在违反保护规定的行为</td><td>□存在　□不存在</td><td>描述</td><td></td></tr>
</table>

附表 5：

海岛执法检查航次登记表

填表单位：　　　　（公章）　　　　　　填表日期：　年　月　日

<table>
<tr><td>检查日期</td><td colspan="6">年　月　日　——　年　月　日</td></tr>
<tr><td>检查海岛名称</td><td colspan="6"></td></tr>
<tr><td>领　队</td><td colspan="6"></td></tr>
<tr><td>派出人员</td><td colspan="6">人（次），共　　工作日</td></tr>
<tr><td>检查方式</td><td colspan="6">□定期　□不定期　□专项　□联合</td></tr>
<tr><td rowspan="4">巡查方式</td><td>航空巡视</td><td colspan="5">□是　□否　　千米</td></tr>
<tr><td>船舶巡航</td><td colspan="5">□是　□否　　海里</td></tr>
<tr><td>登岛检查</td><td colspan="5">□是　□否　　千米</td></tr>
<tr><td>岸线巡查</td><td colspan="5">□是　□否　　千米</td></tr>
<tr><td rowspan="3">巡　查
海岛分类</td><td>有居民岛</td><td colspan="2">（个）</td><td rowspan="3">是否登岛</td><td colspan="2">□是　（个）　□否</td></tr>
<tr><td rowspan="2">无居民岛</td><td>一般用途</td><td>（个）</td><td colspan="2">□是　（个）　□否</td></tr>
<tr><td>特殊用途</td><td>（个）</td><td colspan="2">□是　（个）　□否</td></tr>
<tr><td rowspan="3">发　现
违法行为</td><td>有居民岛</td><td colspan="5">□无　□有　　（起）</td></tr>
<tr><td rowspan="2">无居民岛</td><td>一般用途</td><td colspan="4">□无　□有　　（起）</td></tr>
<tr><td>特殊用途</td><td colspan="4">□无　□有　　（起）</td></tr>
<tr><td rowspan="3">处　理
违法行为</td><td>制　止</td><td colspan="5">□无　□有　　（起）</td></tr>
<tr><td>立　案</td><td colspan="5">□无　□有　　（起）</td></tr>
<tr><td>移　送</td><td colspan="5">□无　□有　　（起）</td></tr>
<tr><td rowspan="2">获取资料</td><td>照片</td><td>张</td><td>视频</td><td>个</td><td>航迹线文件</td><td>个</td></tr>
<tr><td>正射影像</td><td>幅</td><td>数字高程模型</td><td>幅</td><td>数字表面模型</td><td>幅</td></tr>
<tr><td>备　注</td><td colspan="6"></td></tr>
</table>

说明：每次航次后填写此表，如实记录该航次巡查的情况。

附表 6：

海岛执法记录统计表

（　　年　　季度）

<table>
<tr><td colspan="3">执法种类</td><td>定期执法</td><td>不定期执法</td><td>专项执法</td><td>联合执法</td><td>合计</td></tr>
<tr><td colspan="3">次数</td><td></td><td></td><td></td><td></td><td></td></tr>
<tr><td colspan="3">检查海岛（个）</td><td></td><td></td><td></td><td></td><td></td></tr>
<tr><td rowspan="10">执法力量派出情况</td><td rowspan="3">派出飞机</td><td>架次</td><td></td><td></td><td></td><td></td><td></td></tr>
<tr><td>航时（小时）</td><td></td><td></td><td></td><td></td><td></td></tr>
<tr><td>航程（千米）</td><td></td><td></td><td></td><td></td><td></td></tr>
<tr><td rowspan="4">派出船舶</td><td>航次</td><td></td><td></td><td></td><td></td><td></td></tr>
<tr><td>时间（天）</td><td></td><td></td><td></td><td></td><td></td></tr>
<tr><td>航时（小时）</td><td></td><td></td><td></td><td></td><td></td></tr>
<tr><td>航程（海里）</td><td></td><td></td><td></td><td></td><td></td></tr>
<tr><td rowspan="2">派出车辆</td><td>车次</td><td></td><td></td><td></td><td></td><td></td></tr>
<tr><td>行程（千米）</td><td></td><td></td><td></td><td></td><td></td></tr>
<tr><td>派出人员</td><td>人次</td><td></td><td></td><td></td><td></td><td></td></tr>
<tr><td colspan="3">发现违法行为（起）</td><td></td><td></td><td></td><td></td><td></td></tr>
<tr><td colspan="3">立案（起）</td><td></td><td></td><td></td><td></td><td></td></tr>
<tr><td colspan="3">备注</td><td></td><td></td><td></td><td></td><td></td></tr>
</table>

填表单位：　　　　　　　　　　　　　　　　　　填表人：

联系电话：　　　　　　　　单位负责人：　　　　　　填报时间：

说明：每季度对定期巡查情况进行汇总统计，并填写此表。

开展海岛保护行政检查时，拍摄照片应遵循以下要求：

（1）拍摄内容主要反映海岛及其周边海域生态系统、开发利用及保护情况。航空拍照应从多方位、多角度拍照海岛全貌。

（2）拍摄的照片应注明海岛名称、地理位置、行政隶属和反映的事项。

（3）拍摄的照片格式应为通用照片格式，像素不低于 2 084 ×1 536。

摄像资料应注明海岛名称、地理位置、行政隶属和反映的事项。视频连续摄像时间应足以反映拍摄对象，格式应为通用视频格式。

14. 4. 2　海岛保护行政检查信息管理

中国海监各级机构应对辖区内全部海岛，按照一岛一档的方式建立海岛执法信息档案。各海岛的信息档案包括：

（1）《海岛执法基础信息表》和历次巡查的《海岛执法检查情况表》，以及被检查单位和个人海岛利用有关部门的审批文件和资料的复印件。

（2）历次船舶巡航和登岛巡查中，按规定拍摄的海岛现场照片、视频等纸质及其电子文档、相关文字记录。

（3）各航空支队负责建立海岛航空巡视档案：按规定拍摄的海岛现场照片、视频、正射影像、数字高程模型、数字表面模型等其电子文档、相关文字记录。

各海区总队、省（区、市）总队负责每季度将本辖区内全部海岛执法的信息和统计数据报送国家海洋信息中心。各总队应通过专网于次季度第一个月 10 日前报送。

国家海洋信息中心及时将海岛保护行政检查信息和统计数据进行汇总，建立并管理海岛保护行政检查数据库。结合海岛的基础信息及其变更情况、海岛行政许可、海岛保护规划以及其他相关信息，形成海岛信息产品，为各级海监机构提供执法信息服务。

思考题：

1. 海岛保护执法检查的主要特征是什么？
2. 简述无居民海岛执法检查的主要内容是什么？
3. 简述海岛保护执法检查的手段有哪些？
4. 开展海岛执法检查时，拍摄照片应遵循的要求有哪些？

15 违法行为及其法律责任

违法行为也称“非法行为”，按照其违反的法律，可分为行政违法行为、民事违法行为和刑事违法行为。海岛违法行为属于行政违法行为的范畴，是指行政相对人违反海岛保护法律规范，但尚未构成犯罪而依法须承担行政责任的行为。行政法律责任，是指法律规定的行政法律关系主体违反行政法律规范，损害个人、组织的合法权益或国家社会公益所应承担的法律责任。海岛违法行为的法律责任一般指行政处罚，即行政主体依法对行政相对人违法海岛法律规范，但尚未构成犯罪的行为给予法律制裁的具体行政行为。分为以下几类：警告、罚款、没收违法所得、责令停产停业、行政拘留以及法律、行政法规规定的其他处罚。

15.1 在有居民海岛进行工程建设造成生态破坏的行为及其法律责任

在有居民海岛进行工程建设造成生态破坏的行为，违反了《海岛保护法》第二十五条第一款的规定，海洋行政主管部门可依据《海岛保护法》第二十五条第二款的规定进行处理，也可依据《海岛保护法》第五十五条第二款的规定进行处罚。

《海岛保护法》第二十五条第二款规定，“在有居民海岛进行工程建设造成生态破坏的，应当负责修复；无力修复的，由县以上人民政府责令停止建设，并可以指定有关部门组织修复，修复费用由造成生态破坏的单位个人承担”。第五十五条第二款规定，“造成海岛及其周边海域生态系统破坏的，依法承担民事责任”。

15.2 未经批准在有居民海岛沙滩建造的建筑物或者设施，对海岛及其周边海域生态系统造成严重破坏的行为及其法律责任

未经批准在有居民海岛沙滩建造的建筑物或者设施，对海岛及其周边海域生态系统造成严重破坏的行为，违反了《海岛保护法》第二十六条第一款的规定，海洋行政主管部门可依据《海岛保护法》第二十六条第一款的规定进行处理，也可依据《海岛保护法》第五十五条第二款的规定进行处罚。

《海岛保护法》第二十六条第一款规定，“严格限制在有居民海岛沙滩建造建筑物或者设施；确需建造的，应当依据有关城乡规划、土地管理、环境保护等法律、法规的规定执行。未经依法批准在有居民海岛沙滩建造的建筑物或者设施，对海岛及其周边海域生态系统造成严重破坏的，应当依法拆除”。第五十五条第二款规定，“造成海岛及其周边海域生态系统破坏的，依法承担民事责任”。

15.3 改变自然保护区内海岛海岸线的行为及其法律责任

改变自然保护区内海岛海岸线的行为，违反了《海岛保护法》第十六条第二款规定，“禁止改变自然保护区内海岛的海岸线。禁止采挖、破坏珊瑚和珊瑚礁。禁止砍伐海岛周边海域的红树林”。

《海岛保护法》第四十五条规定：“违反本法规定，改变自然保护区内海岛的海岸线，填海、围海改变海岛海岸线，或者进行填海连岛的，依照《中华人民共和国海域使用管理法》的规定处罚。”《中华人民共和国海域使用管理法》第四十二条：未经批准或者骗取批准，非法占用海域

的，责令退还非法占用的海域，恢复海域原状，没收违法所得，并处非法占用海域期间内该海域面积应缴纳的海域使用金 5 倍以上 15 倍以下的罚款；对未经批准或者骗取批准，进行围海、填海活动的，并处非法占用海域期间内该海域面积应缴纳的海域使用金 10 倍以上 20 倍以下的罚款。

15.4　未经批准实施填海改变海岛海岸线的行为及其法律责任

准实施填海改变海岛海岸线的行为，违反了《海岛保护法》第二十七条第一款规定："严格限制填海、围海等改变有居民海岛海岸线的行为，严格限制填海连岛工程建设；确需填海、围海改变海岛海岸线，或者填海连岛的，项目申请人应当提交项目论证报告、经批准的环境影响评价报告等申请文件，依照《中华人民共和国海域使用管理法》的规定报经批准。"

《海岛保护法》第四十五条规定："违反本法规定，改变自然保护区内海岛的海岸线，填海、围海改变海岛海岸线，或者进行填海连岛的，依照《中华人民共和国海域使用管理法》的规定处罚。"《中华人民共和国海域使用管理法》第四十二条：未经批准或者骗取批准，非法占用海域的，责令退还非法占用的海域，恢复海域原状，没收违法所得，并处非法占用海域期间内该海域面积应缴纳的海域使用金 5 倍以上 15 倍以下的罚款；对未经批准或者骗取批准，进行围海、填海活动的，并处非法占用海域期间内该海域面积应缴纳的海域使用金 10 倍以上 20 倍以下的罚款。

15.5　未经批准实施围海改变海岛海岸线的行为及其法律责任

未经批准实施围海改变海岛海岸线的行为，违反了《海岛保护法》第二十七条第一款规定，"严格限制填海、围海等改变有居民海岛海岸线的行为，严格限制填海连岛工程建设；确需填海、围海改变海岛海岸线，或者填海连岛的，项目申请人应当提交项目论证报告、经批准的环境影响评价报告等申请文件，依照《中华人民共和国海域使用管理法》的规定报经批准”。

《海岛保护法》第四十五条规定：“违反本法规定，改变自然保护区内海岛的海岸线，填海、围海改变海岛海岸线，或者进行填海连岛的，依照《中华人民共和国海域使用管理法》的规定处罚。”《中华人民共和国海域使用管理法》第四十二条：未经批准或者骗取批准，非法占用海域的，责令退还非法占用的海域，恢复海域原状，没收违法所得，并处非法占用海域期间内该海域面积应缴纳的海域使用金 5 倍以上 15 倍以下的罚款；对未经批准或者骗取批准，进行围海、填海活动的，并处非法占用海域期间内该海域面积应缴纳的海域使用金 10 倍以上 20 倍以下的罚款。

15.6 未经批准实施填海连岛的行为及其法律责任

未经批准实施填海连岛工程建设改变海岛海岸线的行为，违反了《海岛保护法》第二十七条第一款规定：“严格限制填海、围海等改变有居民海岛海岸线的行为，严格限制填海连岛工程建设；确需填海、围海改变海岛海岸线，或者填海连岛的，项目申请人应当提交项目论证报告、经批准的环境影响评价报告等申请文件，依照《中华人民共和国海域使用管理法》的规定报经批准。”

《海岛保护法》第四十五条规定：“违反本法规定，改变自然保护区内海岛的海岸线，填海、围海改变海岛海岸线，或者进行填海连岛的，依照《中华人民共和国海域使用管理法》的规定处罚。”《中华人民共和国海域使用管理法》第四十二条：未经批准或者骗取批准，非法占用海域的，责令退还非法占用的海域，恢复海域原状，没收违法所得，并处非法占用海域期间内该海域面积应缴纳的海域使用金 5 倍以上 15 倍以下的罚款；对未经批准或者骗取批准，进行围海、填海活动的，并处非法占用海域期间内该海域面积应缴纳的海域使用金 10 倍以上 20 倍以下的罚款。

15.7　采挖、破坏珊瑚、珊瑚礁的行为及其法律责任

采挖、破坏珊瑚、珊瑚礁的行为，违反了《海岛保护法》第十六条第二款规定："禁止改变自然保护区内海岛的海岸线。禁止采挖、破坏珊瑚和珊瑚礁。禁止砍伐海岛周边海域的红树林。"

《海岛保护法》第四十六条规定："违反本法规定，采挖、破坏珊瑚、珊瑚礁，或者砍伐海岛周边海域红树林的，依照《中华人民共和国海洋环境保护法》的规定处罚。"《中华人民共和国海洋环境保护法》第七十六条规定："违反本法规定，造成珊瑚礁、红树林等海洋生态系统及海洋水产资源、海洋保护区破坏的，由依照本法规定行使海洋环境监督管理权的部门责令限期改正和采取补救措施，并处 1 万元以上 10 万元以下的罚款；有违法所得的，没收其违法所得。"

15.8　砍伐海岛周边海域红树林的行为及其法律责任

砍伐海岛周边海域红树林的行为，违反了《海岛保护法》第十六条第二款规定："禁止改变自然保护区内海岛的海岸线。禁止采挖、破坏珊瑚和珊瑚礁。禁止砍伐海岛周边海域的红树林。"

《海岛保护法》第四十六条规定："违反本法规定，采挖、破坏珊瑚、珊瑚礁，或者砍伐海岛周边海域红树林的，依照《中华人民共和国海洋环境保护法》的规定处罚。"《中华人民共和国海洋环境保护法》第七十六条规定："违反本法规定，造成珊瑚礁、红树林等海洋生态系统及海洋水产资源、海洋保护区破坏的，由依照本法规定行使海洋环境监督管理权的部门责令限期改正和采取补救措施，并处 1 万元以上 10 万元以下的罚款；

有违法所得的，没收其违法所得。”

15.9 在无居民海岛采石的行为及其法律责任

在无居民海岛采石的行为，违反了《海岛保护法》第二十八条规定，“未经批准利用的无居民海岛，应当维持现状；禁止采石、挖海砂、采伐林木以及进行生产、建设、旅游等活动。”

《海岛保护法》第四十七条第一款规定：“违反本法规定，在无居民海岛采石、挖海砂、采伐林木或者采集生物、非生物样本的，由县级以上人民政府海洋主管部门责令停止违法行为，没收违法所得，可以并处2万元以下的罚款。”

15.10 在无居民海岛挖海砂的行为及其法律责任

在无居民海岛挖海砂的行为，违反了《海岛保护法》第二十八条规定：“未经批准利用的无居民海岛，应当维持现状；禁止采石、挖海砂、采伐林木以及进行生产、建设、旅游等活动。”

《海岛保护法》第四十七条第一款规定：“违反本法规定，在无居民海岛采石、挖海砂、采伐林木或者采集生物、非生物样本的，由县级以上人民政府海洋主管部门责令停止违法行为，没收违法所得，可以并处2万元以下的罚款。”

15.11 在无居民海岛采伐林木的行为及其法律责任

在无居民海岛采伐林木的行为，违反了《海岛保护法》第二十八条规定：“未经批准利用的无居民海岛，应当维持现状；禁止采石、挖海砂、采伐林木以及进行生产、建设、旅游等活动。”

《海岛保护法》第四十七条第一款规定："违反本法规定，在无居民海岛采石、挖海砂、采伐林木或者采集生物、非生物样本的，由县级以上人民政府海洋主管部门责令停止违法行为，没收违法所得，可以并处 2 万元以下的罚款。"

15.12　在无居民海岛采集生物、非生物样本的行为及其法律责任

在无居民海岛采集生物、非生物样本的行为，违反了《海岛保护法》第二十八条规定："未经批准利用的无居民海岛，应当维持现状；禁止采石、挖海砂、采伐林木以及进行生产、建设、旅游等活动。"

《海岛保护法》第四十七条第一款规定："违反本法规定，在无居民海岛采石、挖海砂、采伐林木或者采集生物、非生物样本的，由县级以上人民政府海洋主管部门责令停止违法行为，没收违法所得，可以并处 2 万元以下的罚款。"

15.13　在无居民海岛进行生产的行为及其法律责任

在无居民海岛进行生产的行为，违反了《海岛保护法》第二十八条规定："未经批准利用的无居民海岛，应当维持现状；禁止采石、挖海砂、采伐林木以及进行生产、建设、旅游等活动。"

《海岛保护法》第四十七条第二款规定："违反本法规定，在无居民海岛进行生产、建设或者组织开展旅游活动的，由县级以上人民政府海洋主管部门责令停止违法行为，没收违法所得，并处 2 万元以上 20 万元以下的罚款。"

15.14 在无居民海岛进行建设的行为及其法律责任

在无居民海岛进行建设的行为，违反了《海岛保护法》第二十八条规定："未经批准利用的无居民海岛，应当维持现状；禁止采石、挖海砂、采伐林木以及进行生产、建设、旅游等活动。"

《海岛保护法》第四十七条第二款规定："违反本法规定，在无居民海岛进行生产、建设或者组织开展旅游活动的，由县级以上人民政府海洋主管部门责令停止违法行为，没收违法所得，并处2万元以上20万元以下的罚款。"

15.15 在无居民海岛组织开展旅游活动的行为及其法律责任

在无居民海岛组织开展旅游活动的行为，违反了《海岛保护法》第二十八条规定："未经批准利用的无居民海岛，应当维持现状；禁止采石、挖海砂、采伐林木以及进行生产、建设、旅游等活动。"

《海岛保护法》第四十七条第二款规定："违反本法规定，在无居民海岛进行生产、建设或者组织开展旅游活动的，由县级以上人民政府海洋主管部门责令停止违法行为，没收违法所得，并处2万元以上20万元以下的罚款。"

15.16 未经批准利用无居民海岛进行严重改变无居民海岛自然地形、地貌的活动的行为及其法律责任

未经批准利用无居民海岛进行严重改变无居民海岛自然地形、地貌活动的行为，违反了《海岛保护法》第二十八条规定："未经批准利用的无居民海岛，应当维持现状；禁止采石、挖海砂、采伐林木以及进行生产、

建设、旅游等活动。”

《海岛保护法》第四十八条规定：“违反本法规定，进行严重改变无居民海岛自然地形、地貌的活动的，由县级以上人民政府海洋主管部门责令停止违法行为，处以 5 万元以上 50 万元以下的罚款。”

15.17　在海岛及其周边海域违法排放污染物的行为及其法律责任

在海岛及其周边海域违法排放污染物的行为，违反了《海岛保护法》第三十三条规定：“无居民海岛利用过程中产生的废水，应当按照规定进行处理和排放。无居民海岛利用过程中产生的固体废物，应当按照规定进行无害化处理、处置，禁止在无居民海岛弃置或者向其周边海域倾倒。”

《海岛保护法》第四十九条规定：“在海岛及其周边海域违法排放污染物的，依照有关环境保护法律的规定处罚。”《中华人民共和国海洋环境保护法》第七十三条规定：“违反本法有关规定，有下列行为之一的，由依照本法规定行使海洋环境监督管理权的部门责令限期改正，并处以罚款：

①向海域排放本法禁止排放的污染物或者其他物质的；

②不按照本法规定向海洋排放污染物，或者超过标准排放污染物的；

③未取得海洋倾倒许可证，向海洋倾倒废弃物的；

④因发生事故或者其他突发性事件，造成海洋环境污染事故，不立即采取处理措施的。

有前款第①、③项行为之一的，处 3 万元以上 20 万元以下的罚款；有前款第②、④项行为之一的，处 2 万元以上 10 万元以下的罚款。”

15.18　在领海基点保护范围内进行工程建设的行为及其法律责任

在领海基点保护范围内进行工程建设的行为，违反了《海岛保护法》

第三十七条第二款规定："禁止在领海基点保护范围内进行工程建设以及其他可能改变该区域地形、地貌的活动。确需进行以保护领海基点为目的的工程建设的，应当经过科学论证，报国务院海洋主管部门同意后依法办理审批手续。"

《海岛保护法》第五十条规定："违反本法规定，在领海基点保护范围内进行工程建设或者其他可能改变该区域地形、地貌活动，在临时性利用的无居民海岛建造永久性建筑物或者设施，或者在依法确定为开展旅游活动的可利用无居民海岛建造居民定居场所的，由县级以上人民政府海洋主管部门责令停止违法行为，处以 2 万元以上 20 万元以下的罚款。"

15.19 在领海基点保护范围内进行其他可能改变该区域地形、地貌活动的行为及其法律责任

在领海基点保护范围内进行其他可能改变该区域地形、地貌活动的行为，违反了《海岛保护法》第三十七条第二款规定："禁止在领海基点保护范围内进行工程建设以及其他可能改变该区域地形、地貌的活动。确需进行以保护领海基点为目的的工程建设的，应当经过科学论证，报国务院海洋主管部门同意后依法办理审批手续。"

《海岛保护法》第五十条规定："违反本法规定，在领海基点保护范围内进行工程建设或者其他可能改变该区域地形、地貌活动，在临时性利用的无居民海岛建造永久性建筑物或者设施，或者在依法确定为开展旅游活动的可利用无居民海岛建造居民定居场所的，由县级以上人民政府海洋主管部门责令停止违法行为，处以 2 万元以上 20 万元以下的罚款。"

15.20 在依法确定为开展旅游活动的可利用无居民海岛建造居民定居场所的行为及其法律责任

在依法确定为开展旅游活动的可利用无居民海岛建造居民定居场所的

行为，违反了《海岛保护法》第三十五条规定：“在依法确定为开展旅游活动的可利用无居民海岛及其周边海域，不得建造居民定居场所，不得从事生产性养殖活动；已经存在生产性养殖活动的，应当在编制可利用无居民海岛保护和利用规划中确定相应的污染防治措施。”

《海岛保护法》第五十条规定：“违反本法规定，在领海基点保护范围内进行工程建设或者其他可能改变该区域地形、地貌活动，在临时性利用的无居民海岛建造永久性建筑物或者设施，或者在依法确定为开展旅游活动的可利用无居民海岛建造居民定居场所的，由县级以上人民政府海洋主管部门责令停止违法行为，处以 2 万元以上 20 万元以下的罚款。”

15.21　损毁领海基点标志的行为及其法律责任

损毁领海基点标志的行为，违反了《海岛保护法》第三十七条第三款规定：“禁止损毁或者擅自移动领海基点标志。”

《海岛保护法》第五十条规定：“损毁或者擅自移动领海基点标志的，依法给予治安管理处罚。”《中华人民共和国治安管理处罚法》第十八条规定：“单位违反治安管理的，对其直接负责的主管人员和其他直接责任人员依照本法的规定处罚。其他法律、行政法规对同一行为规定给予单位处罚的，依照其规定处罚。”第三十三条规定：“有下列行为之一的，处 10 日以上 15 日以下拘留：①盗窃、损毁油气管道设施、电力电信设施、广播电视设施、水利防汛工程设施或者水文监测、测量、气象测报、环境监测、地质监测、地震监测等公共设施的；②移动、损毁国家边境的界碑、界桩以及其他边境标志、边境设施或者领土、领海标志设施的；③非法进行影响国（边）界线走向的活动或者修建有碍国（边）境管理的设施的。”

15.22　擅自移动领海基点标志的行为及其法律责任

擅自移动领海基点标志的行为，违反了《海岛保护法》第三十七条第三款规定："禁止损毁或者擅自移动领海基点标志。"

《海岛保护法》第五十条规定："损毁或者擅自移动领海基点标志的，依法给予治安管理处罚。"《中华人民共和国治安管理处罚法》第十八条规定："单位违反治安管理的，对其直接负责的主管人员和其他直接责任人员依照本法的规定处罚。其他法律、行政法规对同一行为规定给予单位处罚的，依照其规定处罚。"第三十三条规定："有下列行为之一的，处10日以上15日以下拘留：①盗窃、损毁油气管道设施、电力电信设施、广播电视设施、水利防汛工程设施或者水文监测、测量、气象测报、环境监测、地质监测、地震监测等公共设施的；②移动、损毁国家边境的界碑、界桩以及其他边境标志、边境设施或者领土、领海标志设施的；③非法进行影响国（边）界线走向的活动或者修建有碍国（边）境管理的设施的。"

15.23 破坏、危害设置在海岛的军事设施的行为及其法律责任

破坏、危害设置在海岛的军事设施的行为，违反了《海岛保护法》第二十二条第一款规定："国家保护设置在海岛的军事设施，禁止破坏、危害军事设施的行为。"

《海岛保护法》第五十二条规定："破坏、危害设置在海岛的军事设施，或者损毁、擅自移动设置在海岛的助航导航、测量、气象观测、海洋监测和地震监测等公益设施的，依照有关法律、行政法规的规定处罚。"《中华人民共和国治安管理处罚法》第十八条规定："单位违反治安管理的，对其直接负责的主管人员和其他直接责任人员依照本法的规定处罚。其他法律、行政法规对同一行为规定给予单位处罚的，依照其规定处罚。"第三十三条规定："有下列行为之一的，处10日以上15日以下拘留：①盗窃、损毁油气管道设施、电力电信设施、广播电视设施、水利防汛工程

设施或者水文监测、测量、气象测报、环境监测、地质监测、地震监测等公共设施的；②移动、损毁国家边境的界碑、界桩以及其他边境标志、边境设施或者领土、领海标志设施的；③非法进行影响国（边）界线走向的活动或者修建有碍国（边）境管理的设施的。”

15.24 损毁、擅自移动设置在海岛的助航导航设施的行为及其法律责任

损毁、擅自移动设置在海岛的助航导航设施的行为，违反了《海岛保护法》第二十二条第二款规定：“国家保护设置在海岛的军事设施，禁止破坏、危害军事设施的行为。国家保护依法设置在海岛的助航导航、测量、气象观测、海洋监测和地震监测等公益设施，禁止损毁或者擅自移动，妨碍其正常使用。”

《海岛保护法》第五十二条规定：“破坏、危害设置在海岛的军事设施，或者损毁、擅自移动设置在海岛的助航导航、测量、气象观测、海洋监测和地震监测等公益设施的，依照有关法律、行政法规的规定处罚。”《中华人民共和国治安管理处罚法》第十八条规定：“单位违反治安管理的，对其直接负责的主管人员和其他直接责任人员依照本法的规定处罚。其他法律、行政法规对同一行为规定给予单位处罚的，依照其规定处罚。”第三十三条规定：“有下列行为之一的，处 10 日以上 15 日以下拘留：①盗窃、损毁油气管道设施、电力电信设施、广播电视设施、水利防汛工程设施或者水文监测、测量、气象测报、环境监测、地质监测、地震监测等公共设施的；②移动、损毁国家边境的界碑、界桩以及其他边境标志、边境设施或者领土、领海标志设施的；③非法进行影响国（边）界线走向的活动或者修建有碍国（边）境管理的设施的。”

15.25 损毁、擅自移动设置在海岛的测量设施的行为及其法律责任

损毁、擅自移动设置在海岛的测量设施妨碍其正常使用的行为，违反了《海岛保护法》第二十二条第二款规定："国家保护设置在海岛的军事设施，禁止破坏、危害军事设施的行为。国家保护依法设置在海岛的助航导航、测量、气象观测、海洋监测和地震监测等公益设施，禁止损毁或者擅自移动，妨碍其正常使用。"

《海岛保护法》第五十二条规定："破坏、危害设置在海岛的军事设施，或者损毁、擅自移动设置在海岛的助航导航、测量、气象观测、海洋监测和地震监测等公益设施的，依照有关法律、行政法规的规定处罚。"《中华人民共和国治安管理处罚法》第十八条规定："单位违反治安管理的，对其直接负责的主管人员和其他直接责任人员依照本法的规定处罚。其他法律、行政法规对同一行为规定给予单位处罚的，依照其规定处罚。"第三十三条规定："有下列行为之一的，处 10 日以上 15 日以下拘留：①盗窃、损毁油气管道设施、电力电信设施、广播电视设施、水利防汛工程设施或者水文监测、测量、气象测报、环境监测、地质监测、地震监测等公共设施的；②移动、损毁国家边境的界碑、界桩以及其他边境标志、边境设施或者领土、领海标志设施的；③非法进行影响国（边）界线走向的活动或者修建有碍国（边）境管理的设施的。"

15.26 损毁、擅自移动设置在海岛的气象观测设施的行为及其法律责任

损毁、擅自移动设置在海岛的气象观测设施妨碍其正常使用的行为，违反了《海岛保护法》第二十二条第二款规定："国家保护设置在海岛的

军事设施，禁止破坏、危害军事设施的行为。国家保护依法设置在海岛的助航导航、测量、气象观测、海洋监测和地震监测等公益设施，禁止损毁或者擅自移动，妨碍其正常使用。”

《海岛保护法》第五十二条规定：“破坏、危害设置在海岛的军事设施，或者损毁、擅自移动设置在海岛的助航导航、测量、气象观测、海洋监测和地震监测等公益设施的，依照有关法律、行政法规的规定处罚。”《中华人民共和国治安管理处罚法》第十八条规定：“单位违反治安管理的，对其直接负责的主管人员和其他直接责任人员依照本法的规定处罚。其他法律、行政法规对同一行为规定给予单位处罚的，依照其规定处罚。”第三十三条规定：“有下列行为之一的，处 10 日以上 15 日以下拘留：①盗窃、损毁油气管道设施、电力电信设施、广播电视设施、水利防汛工程设施或者水文监测、测量、气象测报、环境监测、地质监测、地震监测等公共设施的；②移动、损毁国家边境的界碑、界桩以及其他边境标志、边境设施或者领土、领海标志设施的；③非法进行影响国（边）界线走向的活动或者修建有碍国（边）境管理的设施的。”

15.27　损毁、擅自移动设置在海岛的海洋监测设施的行为及其法律责任

损毁、擅自移动设置在海岛的海洋监测设施妨碍其正常使用的行为，违反了《海岛保护法》第二十二条规定：“国家保护设置在海岛的军事设施，禁止破坏、危害军事设施的行为。国家保护依法设置在海岛的助航导航、测量、气象观测、海洋监测和地震监测等公益设施，禁止损毁或者擅自移动，妨碍其正常使用。”

《海岛保护法》第五十二条规定：“破坏、危害设置在海岛的军事设施，或者损毁、擅自移动设置在海岛的助航导航、测量、气象观测、海洋监测和地震监测等公益设施的，依照有关法律、行政法规的规定处罚。”

《中华人民共和国治安管理处罚法》第十八条规定："单位违反治安管理的，对其直接负责的主管人员和其他直接责任人员依照本法的规定处罚。其他法律、行政法规对同一行为规定给予单位处罚的，依照其规定处罚。"第三十三条规定："有下列行为之一的，处10日以上15日以下拘留：①盗窃、损毁油气管道设施、电力电信设施、广播电视设施、水利防汛工程设施或者水文监测、测量、气象测报、环境监测、地质监测、地震监测等公共设施的；②移动、损毁国家边境的界碑、界桩以及其他边境标志、边境设施或者领土、领海标志设施的；③非法进行影响国（边）界线走向的活动或者修建有碍国（边）境管理的设施的。"

15.28 损毁、擅自移动设置在海岛的地震监测设施的行为及其法律责任

损毁、擅自移动设置在海岛的地震监测设施妨碍其正常使用的行为，违反了《海岛保护法》第二十二条第二款规定："国家保护设置在海岛的军事设施，禁止破坏、危害军事设施的行为。国家保护依法设置在海岛的助航导航、测量、气象观测、海洋监测和地震监测等公益设施，禁止损毁或者擅自移动，妨碍其正常使用。"

《海岛保护法》第五十二条规定："破坏、危害设置在海岛的军事设施，或者损毁、擅自移动设置在海岛的助航导航、测量、气象观测、海洋监测和地震监测等公益设施的，依照有关法律、行政法规的规定处罚。"《中华人民共和国治安管理处罚法》第十八条规定："单位违反治安管理的，对其直接负责的主管人员和其他直接责任人员依照本法的规定处罚。其他法律、行政法规对同一行为规定给予单位处罚的，依照其规定处罚。"第三十三条规定："有下列行为之一的，处10日以上15日以下拘留：①盗窃、损毁油气管道设施、电力电信设施、广播电视设施、水利防汛工程设施或者水文监测、测量、气象测报、环境监测、地质监测、地震监测等

公共设施的；②移动、损毁国家边境的界碑、界桩以及其他边境标志、边境设施或者领土、领海标志设施的；③非法进行影响国（边）界线走向的活动或者修建有碍国（边）境管理的设施的。”

15.29　无权批准开发利用无居民海岛而批准的行为及其法律责任

违法批准开发利用无居民海岛的行为，违反了《海岛保护法》第三十条规定：“从事全国海岛保护规划确定的可利用无居民海岛的开发利用活动，应当遵守可利用无居民海岛保护和利用规划，采取严格的生态保护措施，避免造成海岛及其周边海域生态系统破坏。开发利用前款规定的可利用无居民海岛，应当向省、自治区、直辖市人民政府海洋主管部门提出申请，并提交项目论证报告、开发利用具体方案等申请文件，由海洋主管部门组织有关部门和专家审查，提出审查意见，报省、自治区、直辖市人民政府审批。无居民海岛的开发利用涉及利用特殊用途海岛，或者确需填海连岛以及其他严重改变海岛自然地形、地貌的，由国务院审批。无居民海岛开发利用审查批准的具体办法，由国务院规定。”

《海岛保护法》第五十三条规定：“无权批准开发利用无居民海岛而批准，超越批准权限批准开发利用无居民海岛，或者违反海岛保护规划批准开发利用无居民海岛的，批准文件无效；对直接负责的主管人员和其他直接责任人员依法给予处分。”

15.30　超越批准权限批准开发利用无居民海岛的行为及其法律责任

超越批准权限批准开发利用无居民海岛的行为，违反了《海岛保护法》第三十条规定：“从事全国海岛保护规划确定的可利用无居民海岛的开发利用活动，应当遵守可利用无居民海岛保护和利用规划，采取严格的生态保护措施，避免造成海岛及其周边海域生态系统破坏。开发利用前款规定的可利用无居民海岛，应当向省、自治区、直辖市人民政府海洋主管部门提出申请，并提交项目论证报告、开发利用具体方案等申请文件，由海洋主管部门组织有关部门和专家审查，提出审查意见，报省、自治区、直辖市人民政府审批。无居民海岛的开发利用涉及利用特殊用途海岛，或者确需填海连岛以及其他严重改变海岛自然地形、地貌的，由国务院审批。无居民海岛开发利用审查批准的具体办法，由国务院规定。”

《海岛保护法》第五十三条规定：“无权批准开发利用无居民海岛而批准，超越批准权限批准开发利用无居民海岛，或者违反海岛保护规划批准开发利用无居民海岛的，批准文件无效；对直接负责的主管人员和其他直接责任人员依法给予处分。”

15.31 违反海岛保护规划批准开发利用无居民海岛的行为及其法律责任

违反海岛保护规划批准开发利用无居民海岛的行为，违反了《海岛保护法》第三十条规定：“从事全国海岛保护规划确定的可利用无居民海岛的开发利用活动，应当遵守可利用无居民海岛保护和利用规划，采取严格的生态保护措施，避免造成海岛及其周边海域生态系统破坏。开发利用前款规定的可利用无居民海岛，应当向省、自治区、直辖市人民政府海洋主管部门提出申请，并提交项目论证报告、开发利用具体方案等申请文件，由海洋主管部门组织有关部门和专家审查，提出审查意见，报省、自治区、直辖市人民政府审批。无居民海岛的开发利用涉及利用特殊用途海岛，或者确需填海连岛以及其他严重改变海岛自然地形、地貌的，由国务院审批。无居民海岛开发利用审查批准的具体办法，由国务院规定。”

《海岛保护法》第五十三条规定：“无权批准开发利用无居民海岛而

批准，超越批准权限批准开发利用无居民海岛，或者违反海岛保护规划批准开发利用无居民海岛的，批准文件无效；对直接负责的主管人员和其他直接责任人员依法给予处分。”

15.32　拒绝海洋主管部门监督检查的行为及其法律责任

拒绝海洋主管部门监督检查的行为，违反了《海岛保护法》第四十二条规定：“海洋主管部门依法履行监督检查职责，有权要求被检查单位和个人就海岛利用的有关问题作出说明，提供海岛利用的有关文件和资料；有权进入被检查单位和个人所利用的海岛实施现场检查。检查人员在履行检查职责时，应当出示有效的执法证件。有关单位和个人对检查工作应当予以配合，如实反映情况，提供有关文件和资料等；不得拒绝或者阻碍检查工作。”

《海岛保护法》第五十四条规定：“违反本法规定，拒绝海洋主管部门监督检查，在接受监督检查时弄虚作假，或者不提供有关文件和资料的，由县级以上人民政府海洋主管部门责令改正，可以处2万元以下的罚款。”

15.33　在接受监督检查时弄虚作假的行为及其法律责任

在接受监督检查时弄虚作假的行为，违反了《海岛保护法》第四十二条规定：“海洋主管部门依法履行监督检查职责，有权要求被检查单位和个人就海岛利用的有关问题作出说明，提供海岛利用的有关文件和资料；有权进入被检查单位和个人所利用的海岛实施现场检查。检查人员在履行检查职责时，应当出示有效的执法证件。有关单位和个人对检查工作应当予以配合，如实反映情况，提供有关文件和资料等；不得拒绝或者阻碍检查工作。”

《海岛保护法》第五十四条规定：“违反本法规定，拒绝海洋主管部门监督检查，在接受监督检查时弄虚作假，或者不提供有关文件和资料的，由县级以上人民政府海洋主管部门责令改正，可以处 2 万元以下的罚款。”

15.34 在接受监督检查时不提供有关文件和资料的行为及其法律责任

在接受监督检查时不提供有关文件资料的行为，违反了《海岛保护法》第四十二条规定：“海洋主管部门依法履行监督检查职责，有权要求被检查单位和个人就海岛利用的有关问题作出说明，提供海岛利用的有关文件和资料；有权进入被检查单位和个人所利用的海岛实施现场检查。检查人员在履行检查职责时，应当出示有效的执法证件。有关单位和个人对检查工作应当予以配合，如实反映情况，提供有关文件和资料等；不得拒绝或者阻碍检查工作。”

《海岛保护法》第五十四条规定：“违反本法规定，拒绝海洋主管部门监督检查，在接受监督检查时弄虚作假，或者不提供有关文件和资料的，由县级以上人民政府海洋主管部门责令改正，可以处 2 万元以下的罚款。”

对于具有上述 34 种违反《中华人民共和国海岛保护法》的违法行为，且触犯刑法的，可依据《海岛保护法》第五十五条第一款关于“违反本法规定，构成犯罪的，依法追究刑事责任”的规定移送司法部门处理。

参考文献

1.《中华人民共和国行政处罚法》.

2.《中华人民共和国海岛保护法》.

3.《中华人民共和国海域使用管理法》.

4.《中华人民共和国海洋环境保护法》.

5. 张宏声 . 2004. 海洋行政执法必读［M］. 北京：海洋出版社 .

6. 王振清 . 2008. 海洋行政执法研究［M］. 北京：海洋出版社 .

7. 汪光焘，倪岳峰，安建，等 . 2010. 中华人民共和国海岛保护法释义 . 北京：法律出版社 .

8. 刘惠荣 . 中国海监执法培训丛书——海洋执法卷法学基础 . 中国海监总队，中国海洋大学 .

9.《关于规范中国海监海区总队行政执法工作的意见》. 国海办字【2008】79 号.

10. 关于印发《海洋行政执法调查取证工作规则》的通知 . 国海办字【2009】22 号.

11.《关于进一步加强中国海监各海区总队专项执法检查工作的意见》. 国海办字【2009】641 号.

12.《关于进一步规范中国海监总队、中国海监海区总队、中国海监海区支队执法办案工作的意见》. 国海办字【2009】717 号.

13. 关于印发《中国海监海岛保护与利用执法工作实施办法》的通知 . 国海办字【2010】782 号.

14. 关于印发《关于中国海监各海区总队开展海岛保护定期巡航执法检查工作的意见》的通知 . 国海办字【2012】68 号.

15. 关于印发《海岛界定与数量统计方法》的通知 . 海岛字【2010】18 号.

16.《关于进一步规范海洋行政处罚裁量权行使的若干意见》. 海监字【2006】9 号.

17. 关于印发《海域使用调查取证工作细则》的通知 . 海监督字【2009】23 号.

18.《关于加强海洋违法行为举报处理工作的通知》. 海监督字【2009】111 号.

19. 关于印发《中国海监海岛定期巡查工作规则》的通知 . 海监字【2011】25 号.

20.《关于加强无居民海岛开发利用活动执法检查工作的通知》. 海监字【2011】40 号.

21.《关于贯彻落实中国海监海岛定期巡查工作的通知》. 海监岛字【2011】62 号.